Oscar Daniel Andriano

Todo Sobre Discos Rígidos

Tercera Edición Actualizada
2007

Librería y Editorial Alsina

Paraná 137 - Buenos Aires - Argentina
Tel.(54)(011)4373-2942 y Telefax (54)(011)4371-9309

DEDICATORIAS

A mis hijos, Dante y Diego,
mis más grandes proyectos.

A mi esposa Patricia,
que me aguanta en todo.

A mi padre,
que me dio valores de vida.

A mi madre,
que me trajo al mundo.

A mis hermanos, Cacho y Norma,
mi confianza.

A Fabricio Baglivo y a Diego José Marino
por su ayuda.

Sobre el Autor

Oscar Daniel Andriano, tuve mi primer contacto con una computadora en el año 1985. En estos 21 años, y siguiendo la evolución de la tecnología informática, me dediqué a reparar discos rígidos y a recuperar información perdida por fallas de distintos tipos.

Actualmente me dedico a:

>Recuperación de Datos.
>Armado de Servidores de media y alta gama.
>Servidores Windows NT, 2000.
>Servidores Linux.
>Servidores de Mail y Web.

www.savedata.com.ar
www.savedata.com.ar/imagenes.htm
oscar@savedata.com.ar

ÍNDICE GENERAL

CAPÍTULO I

CAPÍTULO II

CAPÍTULO III

CAPÍTULO IV

6

PRÓLOGO

Todo esto comenzó en el año 1993, cuando se me rompió mi primer disco rígido de 110 MB, que en ese momento, era muy grande. Me pregunté, entonces, cómo podía ser que no se pudiera reparar... Así empezó todo...

Lo que más me llamó la atención fue que, siendo una caja metálica, no hubiera manera de repararla. La falta de información en libros e Internet, más la forma en que los fabricantes retacean información, fue un aliciente para seguir adelante con mi propia búsqueda.

Todo lo que hice en estos 13 años es empírico: investigar, romper, cambiar piezas, reemplazar chips y por último, reparar los discos rígidos o recuperar su información, siempre y cuando me lo permitiesen, tratando de encontrar los motivos por los cuales esto ocurre con tanta frecuencia.

He llegado a la conclusión de que todos los discos rígidos van a fallar con el tiempo; la incógnita es cuándo, y si el usuario ha hecho los backups correspondientes para no perder la información.

Con esto se podría decir que no hay mejor información recuperada que la no perdida.

Los discos rígidos van acompañados de los sistemas de archivos. Para no explayarnos demasiado y ya que el DOS es el sistema más conocido y usado, es el que trataremos en esta obra.

En el libro se contemplan todos los temas necesarios para que el lector pueda conocer en profundidad el funcionamiento de un disco rígido. No obstante, los técnicos avanzados seguramente encontrarán errores a lo largo de estas páginas. Como todo ser humano soy falible, por lo que las críticas y sugerencias son bienvenidas en:

oscar@savedata.com.ar

Si necesitan ver con más detalles las imágenes que se reproducen en este libro dirigirse a:

http://www.savedata.com.ar/imagenes.htm

CAPÍTULO I

¿Por qué fallan?

¿Hay partidas que salen malas?

Sí, yo no creo que haya marcas malas, hay partidas de una misma marca que salen con una determinada falla.

Por diferentes motivos, en la fabricación, hay partidas que salen más nobles que otras. Uno aprende a reconocer con el tiempo, por ejemplo, las partidas de Seagate de 8 y 10 GB, los Western Digital 22500, los Conner en general y muchos otros, son discos rígidos que cuando se rompen en muy rara ocasión se logra levantarlos y sacarle la información o repararlos.

¿Hay fallas típicas en la parte electrónica?

Sí, se encuentran problemas de contacto entre la lógica y la burbuja, mal jumpeado y chips quemados.

La mayoría de los chips quemados son los de control de motor; muy esporádicamente encontramos otras clases de chips quemados.

Esto generalmente ocurre cuando al quemarse el chip de control de motor el corto circuito se expande al resto de la lógica.

Las marcas en las que encontramos roturas de chips (en orden de mayor a menor) son: Quantum, Maxtor, Seagate, Fujitsu, Conner, WD.

Otro de los chip que suelen producir fallas, son las eeprom, éstas en muchas ocasiones no se queman, pero se les modifica la programación interna y esto causa que el disco no botee.

¿Hay fallas típicas en la parte física?

Sí, hay varias fallas típicas, una es la pegada de cabezal en los platos de los discos rígidos Samsumg, imanación de la base de algunos cabezales, no permitiendo el despegado del cabezal del punto de parkeo, problemas de firmware, eje de cabezal, mal parkeo de las cabezas.

El mal parkeo de las cabezas, es cuando por algún motivo, las cabezas quedan estacionadas en medio de los platos (headcrash), en la zona de los datos, estos presionan los platos de tal manera que no les permite arrancar, en los discos de notebook es normal encontrar esta falla.

Desgaste prematuro de superficie

Todas las superficies tienen un tiempo de vida útil, pero si por defectos de fabricación el cabezal queda más cerca de lo normal del plato es

Capítulo I: ¿Por qué fallan?

evidente que ese desgaste se acelera; hay que tener en cuenta que la distancia entre el cabezal y el plato era de alrededor de 0,2 mm, pero en la actualidad esta distancia se ha reducido a unos pocos micrometros.

Si cuando se los fabrica y por desgaste de las matrices o por falla en los materiales o por desgaste del eje del cabezal esta distancia varía en una décima de milímetro, como notarán ya estamos en el rango de que el cabezal toque los platos, produciendo daño en la superficie.

Una de las razones por la cual aconsejo que no se mueva un disco rígido en funcionamiento, este consejo se aplica a las notebook en funcionamiento también, es por lo siguiente:

Un plato gira a 7.200 RPM, esto implica que gira a 1,20 revoluciones por centésima de segundo; si cuando lo movemos lo golpeamos y ese golpe que le dimos duró una centésima de segundo, los platos giraron casi una vuelta y media. Imagínense el headcrash producido...(choque de cabezas en el plato)

Si hay duda sobre esto prueben de sacar la velocidad a la que viajan los platos, que es de alrededor de 120 km. por hora. En la sección **Velocidad angular de los platos** pueden ver los resultados.

Sectores dañados

Los sectores dañados son porciones de superficie que por diferentes motivos están estropeados, por desgaste prematuro de superficie, por algún golpe, e inclusive por picaduras de óxido en la superficie o pedazos de

Capítulo I: ¿Por qué fallan?

materiales que se sueltan cuando los cabezales se asientan en la parte interna del plato cuando se parkean, estos sectores dañados no tienen reparación.

La única solución para este problema es marcarlo como bad clúster y tratar de aprovechar el resto de la superficie, en los discos rígidos modernos el firmware se encarga de detectar y redireccionar los sectores dañados para que no sean trabajados.

Capítulo I: ¿Por qué fallan?

Capítulo I: ¿Por qué fallan?

Como notaran en la foto de la *página 14* los platos están totalmente rotos por algún golpe, en la primera foto de la *página 15* la superficie esta totalmente gastada, se ve que en una zona tiene la parte del espejado y parte es el plástico base de los platos, en la segunda foto de la *página 15* tiene gastada la superficie en la zona del SA (Service Area) en esta zona se guarda el firmware, la información de este disco es irrecuperable.

Sectores lógicos dañados

Los sectores lógicos dañados son sectores a los que se les cambia la polaridad a la superficie.

En realidad estos sectores no están dañados, en muchas ocasiones no se los puede reparar ni haciéndole un formateo de bajo nivel (formateo físico).

Más adelante, en la sección **¿Hay manera de sacar los sectores dañados?**, veremos cómo repararlos.

Errores de firmware

Como ya sabemos donde hay programación hay errores de programación, y el firmware no es la excepción, En muchas ocasiones las listas de errores se suelen rebosar por la cantidad de sectores dañados en la superficie y esta falla genera un mal funcionamiento del disco rígido, como por ejemplo, a los Maxtor 6E040L0 los reconoce como N40P.

CAPÍTULO II

¿Qué disco rígido me compro?

Esta es la pregunta del millón. El disco rígido a comprar va en función
del uso que se le va a dar. Como primera medida hay que revisar el
motherboard donde se lo va a colocar; según la antigüedad del
motherboard, en los bios hay varios límites de capacidad máxima:

> 524 MB en motherboard viejos sin LBA o CHS.
> 8,4 GB
> 32 GB
> 136 GB motherboard modernos.

Si tienen que comprar usados de menos de 8,4 GB, los más confiables tanto
en su performance como en su durabilidad son los Fujitsu, estos, cuando
entran en mi laboratorio son los que tienen más probabilidades de repararse
y por ende de recuperar su información. También son confiables los de la
línea Medalist de Seagate (son los que no tienen la funda protectora).

Sin límites

Si no tienen el problema de limitación del motherboard o están por comprar alguno de última generación, en el rango de 10 GB a 80 GB los que están funcionando muy bien y tienen baja cantidad de roturas son los Western Digital, la línea BB, por ejemplo el modelo "WD800BB".

En el rango de 160 GB a 320 GB no les puedo comentar nada, ya que son demasiado nuevos, a pesar de que ya entraron varios de 320 GB y Serial ATA de 300 GB a mi laboratorio, pero no voy a dar marcas hasta que no se genere una constante de roturas y marcas.

Un truco muy útil con el límite de 8,4 GB

En la actualidad no es raro encontrar en oferta un disco rígido de 20 GB. Si lo tienen que instalar en una máquina en la que el BIOS tiene un límite de 8,4 GB, prueben esto:

-Primero: hay que formatearlo en un motherboard con un BIOS que lo soporte sin ningún problema.

-Segundo: sin hacer ningún cambio lo sacan de la máquina donde lo formatearon y lo instalan en la máquina definitiva.

El BIOS se los va a detectar como de 8,4 GB pero si después de hacerlo bootear, le hacen un DIR en DOS van a ver que les dice que hay 20 GB de espacio libre (un poco menos). Acá el problema pasa por el BIOS del motherboard, que pone mal los parámetros pero el LBA está trabajando en forma correcta.

En muchas ocasiones este truco no nos brinda el resultado buscado porque el BIOS del motherboard es demasiado viejo.

Capítulo II: ¿Qué disco rígido me compro?

Este truco no funciona y no da resultado con un disco rígido de 40 GB con un límite de 32 GB en el BIOS. En este caso lo toma como de 32 GB y lo trabaja como tal.

Otros trucos con discos rígidos

Estos dos procedimientos que paso a detallar a continuación, los fui implementando cuando salía a hacer servicios técnicos a la calle, si bien es cierto que no tiene nada que ver con la reparación de un disco rígido, si tiene que ver con el mantenimiento de la información del usuario en su equipo.

-El primero es como hacer una carga de Windows desde cero sin tener otro disco rígido para hacer el backup.

Este trabajo lo tienen que realizar desde Windows.

Iniciamos Windows en la máquina que vamos a recargar, abrimos el Explorador de Windows, creamos una carpeta con algún nombre aleatorio, en mi caso la llamo backup, movemos todas las carpetas y los archivos del raíz menos lo que detallo a continuación:

> el archivo io.sys
> el archivo msdos.sys
> el archivo command.com
> la carpeta Windows
> la carpeta win98, donde están los CABS de la nueva instalación

Capítulo II: Qué disco rígido me compro?

Windows les va a empezar a avisar que si hacen ese movimiento algunos programas van a dejar de funcionar, pongan a todo que si, por que esa es nuestra intención, luego de realizar esta operación le pedimos a Windows que reinicie en modo DOS.

En DOS hacemos lo siguiente:

> ren windows,"nombre aleatorio"
> cd win98 (la carpeta donde tenemos los CABS de Windows)
> instalar

Windows se empezara a instalar normalmente, pero en un momento dado nos va a preguntar si lo queremos cargar en c:\"nombre aleatorio" y le decimos que no, nos pide el nuevo path de carga, ponemos c:\windows.

Una vez cargado el nuevo sistema operativo, abrimos el Explorador de Windows, movemos la carpeta c:\"nombre aleatorio" a la carpeta que yo llamo backup y la volvemos a renombrar como Windows.

Luego continuamos con la carga de drivers y programas extras.

Como verán el sistema operativo queda completamente limpio, con dos carpetas extras, una es c:\backup con toda la información del cliente y la otra es c:\win98 donde se encuentran los CABS de Windows.

Ventajas y desventajas

> -no necesitamos formatear y obtenemos el mismo resultado.
> -no necesitamos un disco rígido extra.

Capítulo II: ¿Qué disco rígido me compro?

-no nos lleva varias horas de backup, ya que movemos la información y no la copiamos.
-tengan cuidado, es preferible que la primera vez lo hagan con una máquina de prueba.

-El segundo procedimiento es hacer un cambio de disco rígido que esta funcionando en buenas condiciones pero el usuario necesita uno de mayor o menor capacidad por diferentes motivos.

como primera medida se toma el disco rígido que se va a colocar, se lo formatea con:

    format c:/s

una vez formateado lo ponemos como esclavo en la máquina que tiene que ser migrada, iniciamos Windows, abrimos el Explorador de Windows, controlamos que en:

    herramientas
    opciones de carpetas

podamos ver todos los archivos. Luego copiamos todas las carpetas y los archivos que hay en el raíz, menos la carpeta c:\windows.

Si por algún motivo les da error en la copia de disco rígido a disco rígido, prueben de hacer este trabajo en modo a prueba de fallo, para que Windows no levante ningún servicio.

Una vez copiada toda esta información, tienen que crear una carpeta nueva en el disco rígido nuevo.

Capítulo II: ¿Qué disco rígido me compro?

c:\windows

ahora hay que copiar todos los archivos que están dentro de la carpeta Windows menos el archivo

win386.swp

Este archivo es el archivo de intercambio (swap) y Windows lo guarda en un lugar especifico del disco rígido, si lo copian al disco rígido nuevo no lo van a copiar en el lugar especifico que lo necesita Windows y les va a dar error, al no copiarlo cuando reinician con el nuevo disco rígido, Windows lo vuelve a crear.

En algunos casos este archivo se encuentra en el directorio raíz.

Una vez copiado todos los archivos de c:\windows, apagan la máquina, ponen el nuevo disco rígido como master, y empieza a bootear la copia en el disco rígido nuevo.

Ventajas y desventajas

-se evitan toda la carga del nuevo sistema operativo.
-con este trabajo se demora muy poco tiempo, va en función de la cantidad de información.
-si trabajan con el ghost no lo van a poder realizar si se copia de un disco rígido de mayor capacidad a uno menor capacidad, también si el nuevo disco rígido tiene sectores dañados.
-si el disco rígido que están poniendo tiene sectores defectuosos marcados, la operación se va a realizar con total éxito.

Capítulo II: ¿Qué disco rígido me compro?

-Esta operación no es realizable con Windows NT4, 2000 o XP, con estos solo queda el ghost.

Otras recomendaciones

-Si tienen que instalar un disco rígido de 120 GB a 300 GB tengan presente el motherboard donde lo van a instalar, ya que si este tiene apenas un par de años desde su fabricación, en más de una ocasión les va a traer problemas en su detección, o una vez formateado y con los datos cargados no les va a detectar la partición. Esto sucede porque el bios no es compatible totalmente; en muchas ocasiones se soluciona con un upgrade de BIOS, en los motherboard de última generación esto no sucede.

-En las características técnicas que nos dan los fabricantes hay algo que se denomina MTBF (tiempo medio entre errores, ver en *pagina 80*); en teoría ellos llevan estadísticas de los promedios de fallas en grandes partidas de un mismo modelo.

Para los administradores de red o gerentes de compras que necesitan comprar grandes partidas les puede ser útil este dato, pero hay que ver si esta estadística es confiable en la Argentina, ya que en muchas ocasiones los importadores traen materiales de segunda y por lo tanto el promedio de rotura sería superior al anunciado.

También hay discos rígidos en plaza que en la jerga se les suele llamar refurbished, son discos rígidos de alguna marca reconocida que se les cambia la etiqueta, se les cambia el firmware, se los repara y se los vuelve a sacar a la venta, y como es de suponerse sin la garantía de su casa matriz, en la *página 26* veremos imágenes que nos confirman esto.

Capítulo II: Qué disco rígido me compro?

-Tener en cuenta el SMART porque son muchas las prestaciones. Las detallo más adelante en la sección **SMART**.

-Si hacen un racconto de la historia de la computación en general, van a observar que lo único que hacía uso de un ventilador (cooler) en sus comienzos era la fuente de alimentación, luego se sumó a esto el microprocesador, las tarjetas aceleradoras de video, en el chip del Bus y los ventiladores adicionales en el gabinete.

En la actualidad creo que falta poco para que se sumen a esto los ventiladores de los discos rígidos. Ya están asomando en plaza los primeros, que cuestan alrededor de los 15 Dls.

Hago este comentario porque he notado en los discos rígidos de 7.200 RPM un incremento paulatino de la temperatura de trabajo, por lo cual es aconsejable instalarle un ventilador para bajar la temperatura, de modo que los diferentes componentes sufran menos:

-Por un lado la superficie, para tratar de generar un menor desgaste.

-Por otro lado están los diferentes chips, que cuando se pasan de temperatura de trabajo producen un corte con el consiguiente cuelgue de la computadora y por culpa de esto, la pérdida del trabajo o información.

Una falla típica con la partida de 8 GB a 12 GB de los discos rígidos Seagate, es que dejen de colgarse una vez que se les saca la goma protectora, esta goma no permite la disipación del calor en los chips. Los Seagate nuevos vienen con esa goma protectora cortada en la parte de la lógica; es evidente que los ingenieros de Seagate detectaron el problema y le dieron una solución.

Capítulo II: ¿Qué disco rígido me compro?

En esta foto tenemos la etiqueta de un Quantum Fireball LCT, la sigla LCT significa **Low Cost Technologist**.

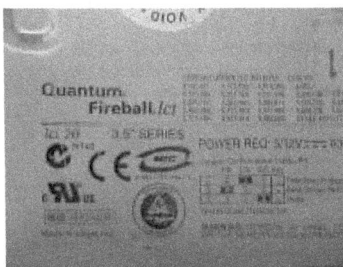

En esta foto tenemos la etiqueta de un Western Digital y alcanzamos a leer **Made In Malasia, Not For Reseal In U.S. or Europe**.

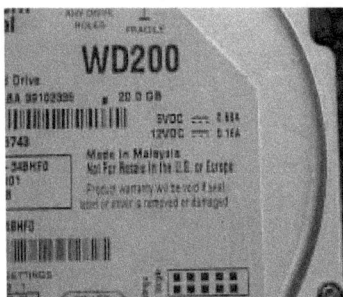

Capítulo II: Qué disco rígido me compro?

El hecho de que en el disco rígido diga «**Not For Reseal In U.S. or Europe**» significa que no cumplan los estándares para entrar a la venta en estas comunidades, por lo tanto no son de primera calidad.

En la siguiente imagen tenemos un disco rígido marca Quantum con marca Value Disk, un ejemplo de un refurbished.

Capítulo II: ¿Qué disco rígido me compro?

CAPÍTULO III

Cómo lo conecto

IDE

La mayoría de los motherboard vienen por norma con 2 IDE. Como es de suponer se llaman IDE 1, IDE 2, y cada una tiene la posibilidad de conectar en forma combinada 2 unidades, que pueden ser discos rígidos, lectoras de CD, grabadoras de CD, DVD, etc.

Dije la mayoría, porque en la actualidad está saliendo al mercado una nueva generación de motherboard para ser usados en server y tienen 4 IDE, para conectar hasta 8 unidades, que pueden ser usados para RAID.

También tenemos la interfaz de nueva generación, los Serial ATA o SATA, Serial ATA II o SATA II que llevan un cable diferente al cable plano de 80 pines, la interfaz vieja se llama Paralel ATA o PATA.

En la imagen de la *página 28* vemos como el IDE 1 está diferenciado con el color azul del IDE 2. Si bien la foto está en blanco y negro podrán observarla en colores en http://www.savedata.com.ar/imagenes.htm

IDE 2

IDE 1

Imagen de IDE 1 IDE2

En esta imagen vemos un motherboard de nueva generación, que permite conectar hasta 8 unidades.

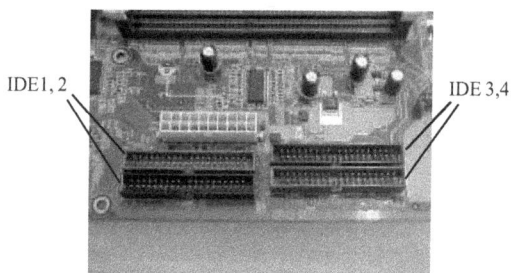

IDE1, 2

IDE 3,4

Imagen de 4 IDE

Capítulo III: Cómo lo conecto

En la siguiente imagen vemos un motherboard de nueva generación, con serial ATA, el ASUS P4G8X.

Conectores Serial Ata   IDE 1,2

Cables

Hay tres tipos de cables para la conexión de estas unidades, los de 40 pines los de 80 pines y los serial ATA, como veremos a continuación.

El filamento rojo, en ambos cables, nos indica que es el PIN 1; podrán observarla en color en http://www.savedata.com.ar/imagenes.htm

Capítulo III: Cómo lo conecto

Conector 1
Conector 2
Pin 1
Conector al motherboard

Conector 2
Conector 1
Pin 1

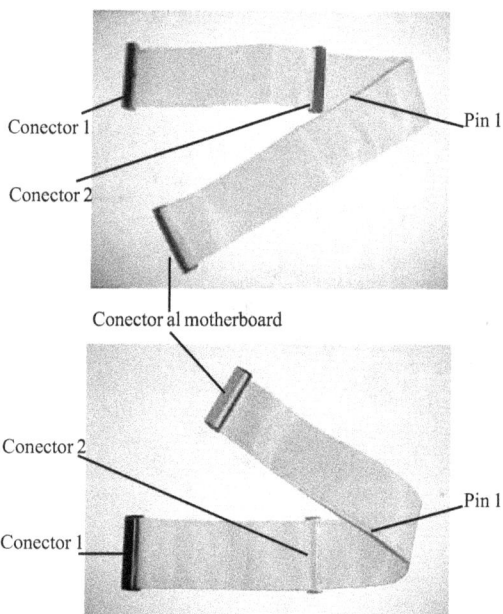

En los conectores de ambos cables, se ve una muesca que nos indica la posición del cable para su correcta conexión. Algunos cables no la tienen, por lo cual puede ocurrir que se lo conecte al revés.

Capítulo III: Cómo lo conecto

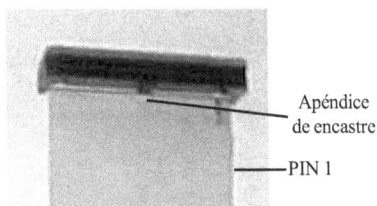

Apéndice
de encastre

PIN 1

Si tienen el cable conectado al revés cuando prendan el CPU, van a notar que el CPU no da señal de vida, como si no tuviera corriente. No se desesperen no se quema nada ni se rompe nada. Apaguen el CPU, desconecten los IDE y comiencen de nuevo controlando la conexión y teniendo en cuenta el PIN 1.

El PIN 1 en el disco rígido, siempre es el extremo del conector que está más cerca del cable de potencia (el que trae la corriente).

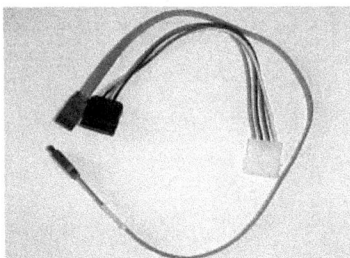

Imagen de cables Serial ATA

Capítulo III: Cómo lo conecto

Reset	1	2	Tierra
Bit de Datos 7	3	4	Bit de Datos 8
Bit de Datos 6	5	6	Bit de Datos 9
Bit de Datos 5	7	8	Bit de Datos 10
Bit de Datos 4	9	10	Bit de Datos 11
Bit de Datos 3	11	12	Bit de Datos 12
Bit de Datos 2	13	14	Bit de Datos 13
Bit de Datos 1	15	16	Bit de Datos 14
Bit de Datos 0	17	18	Bit de Datos 15
Tierra	19	20	Fallante
DMARKQ (DMA Request)	21	22	Tierra
-DIOW:STOP (Write Strobe)	23	24	Tierra
DIOR HDMARDY (Read Strobe)	25	26	SPSYNC (Cable Select)
IORDY (I/O Ready)	27	28	Tierra
-DMAC (DMA Acknowledge)	29	30	/IOCS16 (IO Chipselect 16)
IRQ 14 (Interrupt Request)	31	32	-PDIAG:-CBLID (Passed Diagnostic)
Bit de Dirección 1	33	34	Bit de Dirección 2
Bit de Dirección 0	35	36	-CSI (3F6-3F7) (Hard Disk select 1)
-CS0 (1F0-1F7) (Hard Disk select 0)	37	38	Tierra
-DA/SP (Led Driver)	39	40	Tierra

Capítulo III: Cómo lo conecto

Detalle de patas del conector

En la *página 32* se pueden ver los detalles del conector.

Jumper

Vamos a tratar básicamente los 3 jumpeados de una unidad, Master, Slave y Cable Select (CS), pero en diferentes ocasiones nos vamos a encontrar que poniendo jumper extras se les da funciones extras como "MASTER solamente" o "MASTER con SLAVE presente".

Si observamos en la parte trasera de cada unidad veremos 3 jumper, en algunos casos hay un cuarto, que está reservado para la fábrica.

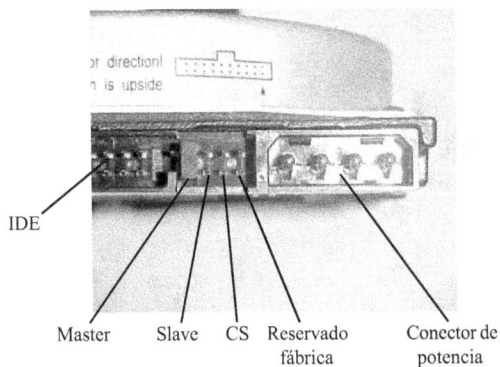

IDE

Master   Slave   CS   Reservado   Conector de
                                   fábrica   potencia

Capítulo III: Cómo lo conecto

MASTER　　(maestro)
SLAVE　　　(esclavo)
CS　　　　　(cable select)
Reservado para la fábrica.

En los discos rígidos más viejos, los jumper no siempre estaban entre el conector IDE y el conector de potencia, normalmente había que buscarlos en la placa lógica.

En este disco rígido en particular, marca Quantum, van a notar que en el jumpeo dice:

Capítulo III: Cómo lo conecto

        DS = Master
        SP = Slave
        CS = Cable Select

Las 2 unidades que van en cada IDE, se deben jumpear en forma combinada, nunca van las 2 unidades como MASTER o como SLAVE, porque esto genera un conflicto.

Al estar jumpeados ambos como MASTER o como SLAVE el Bios del motherboard no puede saber con cual de las dos unidades trabajar en forma predeterminada, no permitiendo el funcionamiento correcto de ambas unidades.

De la única manera que se los puede jumpear de idéntica forma en un mismo IDE es como Cable Select; en este caso, a la unidad que está en el conector del extremo del cable plano, el Bios lo toma como MASTER y a la unidad que está en el conector en el medio del cable plano lo toma como SLAVE.

Las unidades se deben jumpear de la siguiente manera:

                        IDE 1
        UNIDAD 1   UNIDAD 2

        Master   Slave
        Slave   Master
        Cable Select   Cable Select

Capítulo III: Cómo lo conecto

Recomendaciones

Es muy importante leer siempre en las etiquetas de cada disco rígido, porque los fabricantes siempre ponen jumpeo extra a los 3 básicos y van a solucionar más de un problema poniéndolos en la forma adecuada.

En este ejemplo, de un disco rígido Samsung, vemos que viene con un jumpeo extra para darle una limitación de 32 GB.

Este jumpeo extra sirve para cuando uno tiene un motherboard con una limitación de 32 GB.

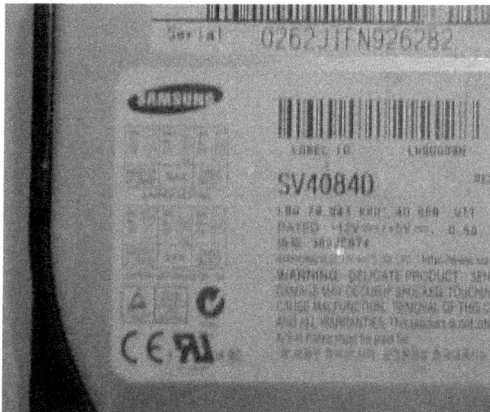

Capítulo III: Cómo lo conecto

Velocidad de los puertos IDE y SATA

A medida que transcurre el tiempo los puertos IDE y ahora los SATA se fueron haciendo cada vez más veloces

IDE	33 Mhz
IDE	66 Mhz
IDE	100 Mhz
IDE	133 Mhz
SATA I	150 Mhz
SATA II	300 Mhz

Otras referencias ir a *Pagina 80.*

Capítulo III: Cómo lo conecto

CAPÍTULO IV

El disco rígido por dentro

La mejor manera de entender el funcionamiento de un disco rígido es estudiarlo por fuera y por dentro para conocer cada una de sus partes, es lo que vamos a hacer en esta sección.

Si se abre un disco rígido en buen estado de funcionamiento hay grandes probabilidades de perderlo o acortarle la vida de uso, este es el motivo por el cual creo que un disco rígido debe tratar de recuperar o reparar primeramente sin abrir la burbuja.

En muchas ocasiones, se llega a la conclusión de que el chip de la base del cabezal esta quemado (y el trabajo que realiza es codificar-decodificar-preamplificar), o en corto, o algún daño en la conectividad entre el chip de la base del cabezal y las puntas de lecto-escritura, en estos casos hay que abrirlos para poder repararlos, o hacerles un cambio de cabezal, este nuevo cabezal hay que extraerlo de un disco rígido que este funcionando en perfectas condiciones.

Para poder investigar desarmen uno que no funciona o estén dispuestos a perderlo.

Diferentes modelos de discos rígidos

Diferentes chips

Aquí vemos los diferentes chips que componen una lógica.

Capítulo IV: El disco rígido por dentro

Despiece externo

Aquí tenemos lo que en la jerga se llama burbuja, es donde están los platos, los cabezales, el voice coile y la parte electrónica o lógica.

Si observamos con detenimiento, en las dos imágenes a continuación, vemos en la parte media dos clases diferentes de conexiones del motor con la lógica, en el extremo inferior vemos también dos clases de conexiones diferentes de lectura-escritura y movimiento de cabezal.

Las conexiones pueden variar, en algunos casos son rígidas y en otros con cables planos.

Conector de motor

Conector de control de cabezal

Capítulo IV: El disco rígido por dentro

Conector de motor

Conector de control de cabezal

En las imágenes de las *páginas 41 y 42* vemos con más detalles el motor y las conexiones del motor con la lógica.

Según el modelo pueden llegar a girar a 3.600, 5.400, 7.200, 10.000, 12.000, 15000 RPM.

Capítulo IV: El disco rígido por dentro

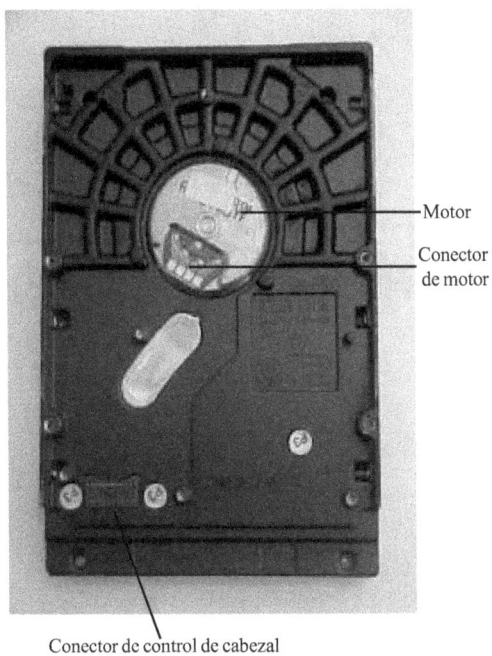

Motor

Conector
de motor

Conector de control de cabezal

Capítulo IV: El disco rígido por dentro

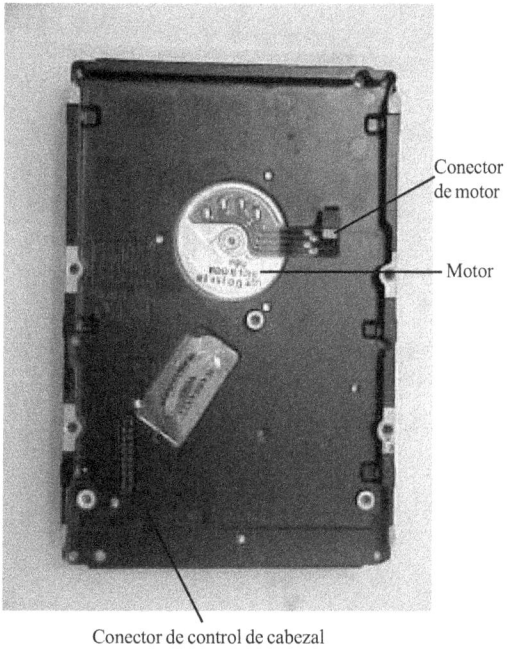

Conector de control de cabezal

Capítulo IV: El disco rígido por dentro

Cobertura superior

Abriendo la cobertura superior vemos los platos pulidos a punto espejo, en ella se ve reflejada la cámara de fotos, hecha así con total intención, el cabezal, los imanes y el eje del cabezal.

Los platos son fabricados con metal o plástico. Ambos lados de cada plato están cubiertos con una fina capa de óxido de hierro u otro material magnetizable. Esto es comparable a los viejos cassettes de música, donde había una cinta magnetizada y un cabezal de lectura-escritura.

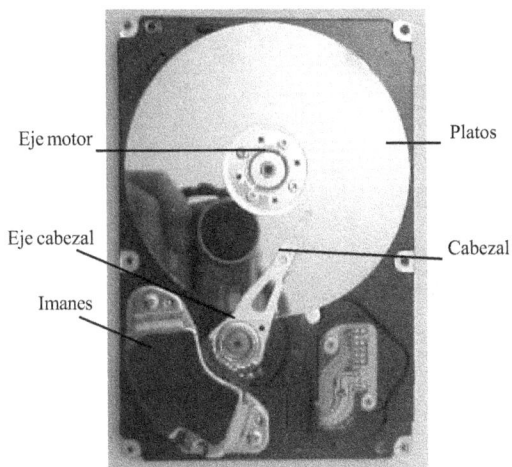

Capítulo IV: El disco rígido por dentro

Cuando los platos empiezan a girar se genera un colchón de aire que despega los cabezales de los platos para que estos hagan su trabajo; cuando se le quita la corriente, la circulación de aire disminuye, y entonces el cabezal se apoya suavemente en la superficie de los platos en un punto destinado a tal efecto.

Esta zona de aterrizaje está dedicada a proporcionar un punto de parkeo o estacionamiento para las cabezas de lecto-escritura, y nunca contiene datos.

En los primeros discos rígidos este parkeo se hacía en forma manual y la instrucción en DOS era park.com.

Despiece interno

En esta imagen vemos cómo está parkeado el cabezal y cómo queda asegurado para su transporte. También podemos ver los potentes imanes detrás del cabezal, los cabezales, el cable flexible de conexión de cabezal, la traba de cabezal y el eje.

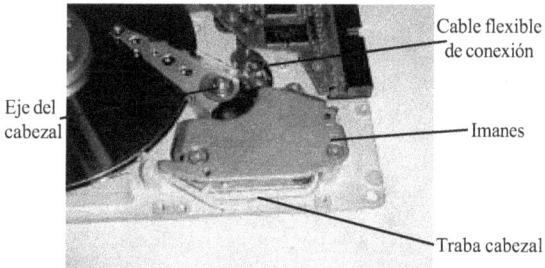

Capítulo IV: El disco rígido por dentro

Imanes

Eje del cabezal

Bobina de movimiento de cabezal

Traba de cabezal

Imagen de un imán y la bobina de movimiento.

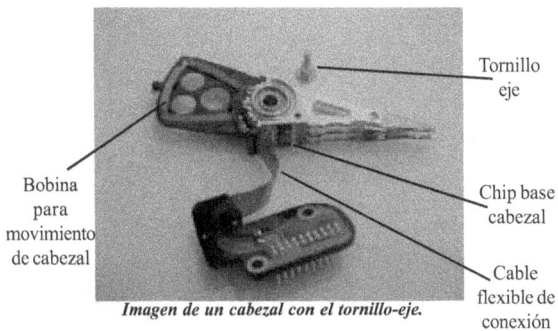

Tornillo eje

Bobina para movimiento de cabezal

Chip base cabezal

Cable flexible de conexión

Imagen de un cabezal con el tornillo-eje.

Capítulo IV: El disco rígido por dentro

Imagen de un motor

Para aumentar la velocidad de lectura-escritura se ponen varios platos; en este caso es un disco rígido SCSI de 14 platos y 28 cabezales.

Capítulo IV: El disco rígido por dentro

Acá podemos ver el mismo disco rígido con los filtros de aire puesto. Estos filtros trabajan con la recirculación de aire generada por los platos al girar, sirven para protección de los platos y los cabezales ya que absorben humedad y las partículas de suciedad que se van desprendiendo con el tiempo.

Filtros

Imagen de un cabezal

En esta imagen vemos la ampliación de un cabezal.

Capítulo IV: El disco rígido por dentro

En esta imagen vemos un grano de arroz que se fue de foco en el momento de tomar la fotografía, para poder compararlo con el tamaño de un cabezal. Este entra casi 5 veces en el grano de arroz.

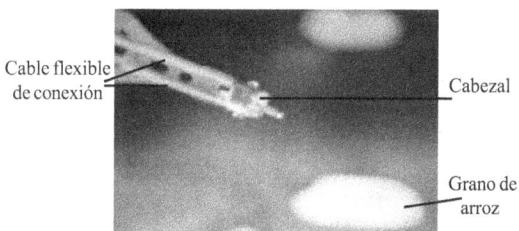

Cable flexible de conexión

Cabezal

Grano de arroz

En la siguiente imagen ampliamos el cabezal y distinguimos cómo se gastó en la punta más que en la parte trasera.

Cable flexible de conexión

Desgaste

Capítulo IV: El disco rígido por dentro

Esta imagen es la misma que la anterior pero invertida, para poder ver mejor el desgaste en la punta del cabezal.

Desgaste

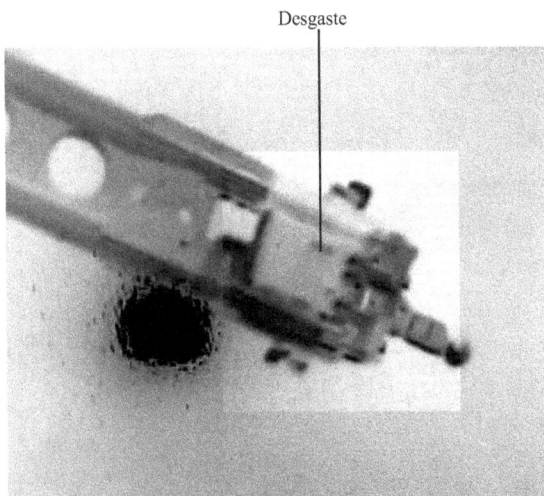

Capítulo IV: El disco rígido por dentro

CAPÍTULO V

¿Cómo se guardan los datos?

En esta sección vamos a comenzar con una breve descripción de cómo se guardan los datos físicamente en los platos, para luego profundizar en algunos temas relacionados con éste.

La superficie de un plato se divide en 4 partes:

MBR (Master Boot Record)
FAT (File Allocation Table)
Directory Entry
Data.

MBR

El MBR se divide en 3 partes, comenzando en el sector 0; por norma en este sector están todos los datos de un disco rígido.

El MBR contiene:

-Código de arranque.
-Los datos y la descripción de cada una de las 4 particiones, en qué cilindro comienza, en qué cilindro termina y el tamaño de la partición.
-Estado de arranque del disco rígido.

En la sección de **MBR por dentro** nos explayaremos más sobre este tema.

Para entender mejor lo que es el sector 0 vemos los parámetros de un disco rígido, que se dividen en 3 partes: cilindros, cabezas y sectores. Su conteo se hace de la siguiente manera:

Cilindros	comienza en 0	0 → 1024	
Cabezas	comienza en 0	0 → 15	16 cabezas
Sectores	comienza en 1	1 → 63	64 sectores

Para obtener el número total de SECTORES o LBA se tiene que multiplicar:

LBA = 665*16*63=670320

Veamos un ejemplo en un disco rígido:

665 cilindros
16 cabezas
63 sectores

Capítulo V: Cómo se guardan los datos

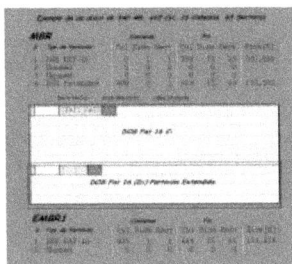

FAT

A continuación del MBR hay dos FAT, la principal y una de backup, donde se guarda el primer y último clúster de cada archivo, con todos sus clústeres intermedios. El <EOF> marca el comienzo y el final de otro archivo.

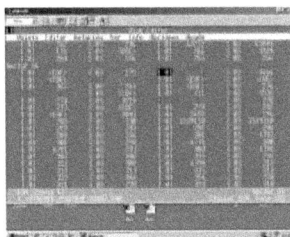

Vista de una tabla de FAT con el DISKEDIT de Norton.

Capítulo V: Cómo se guardan los datos

Windows siempre hace uso de la FAT 1, nunca utiliza la FAT 2. Cuando se genera un problema el Scandisk, compara ambas FAT y si hay diferencias nos dice que tenemos cadenas cruzadas, reparándola a partir de la FAT 2.

Cuando se recupera información, en muchas ocasiones se hace uso intensivo de la segunda FAT porque puede estar en mejor estado que la primera.

Directory entry

A continuación de las FAT se encuentra el Directory entry. En este lugar se guardan:

-nombres de archivo,
-extensión del nombre,
-el primer clúster de cada archivo,
-el tamaño del archivo,
-los atributos,
-la fecha de la última modificación,

Data

A continuación del Directory Entry están guardados los datos del usuario, que se esparcen por el resto de los platos.

Capítulo V: Cómo se guardan los datos

CAPÍTULO VI

MBR por dentro

Al encender el CPU, el bios intenta leer el primer sector que hay en los platos (MBR). Esa posición es 0000H:7C00H, el sector de arranque maestro, situado en el cilindro 0, cabeza 0, sector 1 de los platos, que contiene el programa de arranque y a su vez toma las descripciones de las particiones con sus comienzos y finales.

El MBR ocupa 512 bytes (000H a 1FFH); como ya vimos tiene 3 partes básicas: el código de arranque maestro, la tabla de particiones, y el estado de arranque del disco rígido, que ocupa los dos bytes finales:

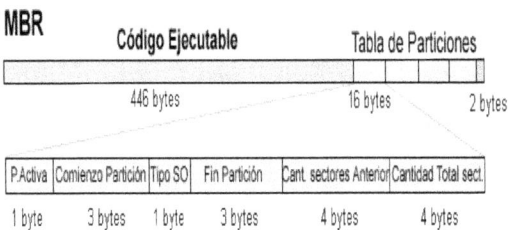

P.Activa	Comienzo Partición	Tipo SO	Fin Partición	Cant. sectores Anterior	Cantidad Total sect.
1 byte	3 bytes	1 byte	3 bytes	4 bytes	4 bytes

Direcciones de MBR

En Dec.	En Hex.	T. de bytes	
0	000H	446	Código ejecutable
446	1BEH	16	Formato de la 1ª partición
462	1CEH	16	Formato de la 2ª partición
478	1DEH	16	Formato de la 3ª partición
494	1EEH	16	Formato de la 4ª partición
510	1FEH	2	Si estos dos bits contienen el código 55H indica que la partición está activa
512	1FFH		Fin

Código ejecutable

El código de programa que hay en el sector de arranque tiene como tarea principal el reconocer la partición activa:

-Primero comprueba en 1FEH: si el código es 55H el disco rígido está activo, listo para bootear.

Si el disco rígido tiene los archivos de DOS de arranque y la partición no está activa, en el momento de hacerlo bootear nos da el siguiente error, **System Halted,** y no nos permite bootear.

-Luego comprueba el primer byte de cada tabla de 16 bytes, hasta que encuentra una activa, si es un 00, la partición no es de arranque, si tiene un 80H lo es.

Una vez identificada la partición activa, de las 4 posibles que hay, lee en

Capítulo VI: MBR por dentro

la tabla correspondiente cuál es el número de cabeza, el número de cilindro y el número de sector en que comienza la partición y se guarda en la posición 0000:7C00.

Luego posiciona la cabeza de lectura-escritura en dicha partición.

Vuelve a cargar los 512 primeros bytes de esa partición en memoria y cede el control para empezar a cargar el sistema operativo. En este momento es donde comienza el booteo del sistema operativo, no del disco rígido.

División de la tabla de particiones

Cada una de las tablas de particiones de 16 bytes, están divididas en varios campos, que contienen los datos necesarios para describir en forma detallada una partición:

El formato de particiones 1,2,3,4 se divide en las direcciones siguientes:

En Dec.	En hexa.	Byte	
446	1BEH	1	Estado de la partición
447	1BFH	3	Cabeza, Sect. y Cil. de comienzo de la partic.
450	1C2H	1	Tipo de partición de sistema operativo
451	1C3H	3	Cabeza, Sect. y Cil. donde termina la partic.
454	1C6H	4	Número de sectores anteriores
458	1CAH	4	Cantidad de sectores en la partición
Total		16 Bytes	

Capítulo VI: MBR por dentro

Dirección decimal 446

80h indica partición activa.
00h indica partición no-activa.

Dirección decimal 447

Nos indica dónde comienza la partición teniendo los datos de cabeza, sector y cilindro.

Dirección decimal 450

El valor en hexadecimal de los indicadores de sistema operativo son los siguientes:

00h	Vacio	52h	Microport System V/386
01h	Dos con FAT de 12 bits	56h	GoldenBow VFeature
02h	Xenix root	61h	SpeedStor
03h	Xenix user	63h	Unix SysV /386
04h	Dos con FAT de 16 bits	63h	Mach
05h	Dos 3.3+ extendida	63h	GNU Hurd
06h	Dos 3.31+	64h	Novell Netware
07h	Qnx	65h	Novell Netware 3.11
07h	OS/2 Hpfs	70h	DiskSecure multi-boot
07h	Windows NT NTFS	75h	PC/IX
07h	Unix avanzado	80h	Minix 1.1
08h	AIX arrancable	81h	Minix 1.4b+

Capítulo VI: MBR por dentro

09h Coherent filesystem	81h Linux
09h Coherent filesystem	81h Mitac
0ah OS/2 gestor de arranque	82h Linux swap partition
0ah Coherent swap	83h Linux native file system
0bh Windows 95 FAT32	84h OS/2 renumb. type 04h part.
0ch Windows 95 FAT 32	93h Amoeba
0eh Windows 95 FAT 16	94h Amoeba bbt
0fh Windows 95 Extendida	a5h FreeBSD
10h OPUS	b7h BSDI
11h OS/2 Boot man. hi.12b	b8h BSDI
12h Compaq diag. partition	c1h Dr-Dos 6 de 12 bits
14h OS/2 B.man.hi.sub 16b	c4h Dr-Dos 6 de 16 bits
16h OS/2 B.man.hi.over 16b	c6h Dr-Dos 6 ampliada
17h OS/2 B. man.hi. HPFS	c7h Cyrnix boot
18h AST special win.swap file	dbh Conc.CP/M, Conc. DOS
24h Nec MS-DOS 3.x	dbh CTOS (Convergent Tech.OS)
3ch P.Q. Part.Magic rec. part.	e1h SpeedStor de 12 bits
40h Venix 80286	e4h SpeedStor de 16 bits
42h SFS (Secure file system)	f2h DOS 3.3+, secundaria
50h Disk manager r/o	f4h SpeedStor
51h Disk manager r/w	feh LANstep
51h Novell	ffh Xenix, bloques dañados
52h CP/M	

Dirección decimal 451

Nos indica dónde termina la partición teniendo los datos de cabeza, sector y cilindro.

Capítulo VI: MBR por dentro

Dirección decimal 454

Nos indica la cantidad de sectores desde el principio del disco al principio de la partición.

Dirección decimal 458

Nos indica la cantidad total de los sectores de la partición.

CAPÍTULO VII

Formateo

Cuando queremos hacer uso de un disco rígido lo primero que debemos hacer es formatearlo para darle un orden a la información que se va a guardar.

Hay dos clases de formateo:

-Formateo físico (o de bajo nivel)

-Formateo lógico (o de alto nivel)

A los primeros discos rígidos había que formatearlos en baja para luego formatearlos en alta, en la actualidad no hace falta, sólo hay que hacerles un formateo lógico.

Formateo físico

Cuando un disco rígido experimenta un formateo de bajo nivel se divide en pistas, sectores y cilindros.

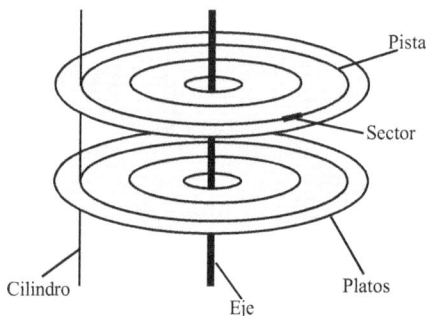

Pistas

Las pistas son círculos concéntricos en cada cara de un plato. Las pistas se identifican por número, a partir de la pista 0 en el borde externo de los platos.

Normalmente se cree que la pista 0 está en el centro del plato, lo que pasa en el centro del plato, es que está la zona de aterrizaje del cabezal donde se parkea.

Existen varias pistas extras:

-Pistas Servo: es donde se guardan cambios de flujo según un esquema determinado, para la sincronización al pulso de datos, necesario para la correcta compresión de las informaciones en RLL.

-Pistas de Reserva: esta pista es normalmente usada como reserva de

Capítulo VII: Formateo

sectores sin defecto. Cuando un sector de la superficie se marca como Bad Clúster, el firmware lo redirecciona a un sector de esta pista; si le hacemos un Scandisk a los platos, no veremos ninguna "B" de Bad Clúster.

Cuando se les termina la cantidad de sectores de reserva, es cuando empiezan a aparecer las "B" de Bad Clúster en la superficie, al realizarle un Scandisk.

-Pistas de aparcamiento: como ya vimos en la sección **El disco rígido por dentro,** esta pista es usada para estacionar el cabezal.

Pista de firmware: es donde se guarda el firmware o parte de el, en muchos discos rígidos se guarda una porción de firmware en los platos y la otra parte en un chip eeprom.

Sectores

Las pistas se dividen en áreas más pequeñas o sectores, que se utilizan para almacenar la porción más chica de datos. Los sectores se formatean normalmente para contener 512 bytes de datos.

Acá se presenta un problema. Como vimos en la sección **¿Cómo se guardan los datos?** hay 64 sectores por pistas; las pistas internas son más chicas que las pistas externas, si consideramos que todas las pistas tienen el mismo número de sectores en las pistas externas se desaprovecharía mucho espacio.

En las controladoras modernas se ponen más sectores en las pistas externas que en las internas y la controladora le traduce al bios del motherboard para que esta crea que tiene la misma cantidad de sectores

Capítulo VII: Formateo

en cada pista. A esta técnica se la denomina **grabación de bits por zonas**.

Qué encontramos dentro de un sector

El espacio dentro de un sector (512 bytes) no es aprovechado totalmente para guardar datos de un usuario, según se calcula hay una pérdida de un 20% a 30%. También se guardan:

> -Número de sector y cilindro del sector.
> -Campo de sincronización, es usado para la sincronización de la lectura.
> -El ECC (Error Corrección Code) DATA.
> -La zona de datos.
> -Zonas de separación entre zonas o entre pistas.
> -Gaps, separador de sectores y clock de reloj.

Clúster

El clúster es un conjunto de sectores, y es el espacio más chico manejable como de lectura-escritura. La medida de un clúster va en función del tamaño de la partición y del sistema de archivos con que se lo formatea, aquí es donde se desperdicia lugar en el almacenamiento de la información.

Ejemplo: supongamos que tenemos un archivo cualquiera de 42 KB para guardar.

Si a este archivo lo guardamos en un sistema de archivo con un tamaño

Capítulo VII: Formateo

de clúster de 32 KB, necesita 2 clústeres, porque es la unidad más chica manejable como de lectura-escritura; de los 64 KB quedan desperdiciados 22 KB ya que no se utilizan más.

Si a este mismo archivo lo guardamos en un sistema de archivo con un tamaño de clúster de 4 KB, necesitamos 11 clústeres; de los 44 KB sólo se desperdician 2 KB.

A estos resultados multiplíquenlos por 10, 100 o 1.000 y se van a dar cuenta de la magnitud del espacio desaprovechado.

El tamaño del clúster va en función del tamaño de la partición, a consecuencia de esto podemos concluir que discos rígidos con particiones grandes (con clústeres de 32 KB) son aprovechables cuando se almacenan archivos muy grandes, para generar un mejor aprovechamiento del espacio y discos rígidos con particiones chicas (con clústeres de 4 KB, 8 KB, 16 KB) son aprovechables con archivos chicos y/o grandes.

Cuando los discos rígidos estándares eran de 1 GB a 2 GB, todavía se seguía usando en muchos casos FAT 16; si se fijan en la tabla el clúster era de 32 KB, cuando lo pasábamos a FAT 32, estos clústeres pasaban a ser de 4 KB, prácticamente se generaba un espacio en la nueva partición de un 30% más de espacio libre.

Tabla de tamaño de clústeres

En esta tabla de la *Página 68* se describe qué tamaño debe tener el clúster para los diferentes tamaños de particiones.

Capítulo VII: Formateo

Partición	FAT16	FAT32	NTFS
7 MB - 16 Mb	2 Kb	No sop.	512 Bytes
17 MB - 32 Mb	512 B	No sop.	512 Bytes
33 MB - 64 Mb	1 Kb	512 B	512 Bytes
65 MB - 128 Mb	2 Kb	1 Kb	512 Bytes
129 MB - 256 Mb	4 Kb	2 Kb	512 Bytes
257 MB - 512 Mb	8 Kb	4 Kb	512 Bytes
513 MB - 1 Gb	16 Kb	4 Kb	1 Kb
1 GB - 2 Gb	32 Kb	4 Kb	2 Kb
2 GB - 4 Gb	64 Kb	4 Kb	4 Kb
4 GB - 8 Gb	No sop.	4 Kb	4 Kb
8 GB - 16 Gb	No sop.	8 Kb	4 Kb
16 GB - 32 Gb	No sop.	16 Kb	4 Kb
32 GB - 2 Tb	No sop.	32 Kb	4 Kb

Cilindro

Un cilindro es la sumatoria de un conjunto de pistas que se encuentra a la misma distancia del eje en todas las caras de todos los platos.

Cuando se escriben o leen datos se lo hace por cilindros, el acceso a la información es más rápido sin necesidad de mover los cabezales. El movimiento de los cabezales es lento en comparación con la rotación de los platos.

Formateo en baja

Para darle un formateo en baja al disco rígido existen diversas herramientas; aquí lo importante es encontrar una adecuada a nuestro gusto.

Capítulo VII: Formateo

Disk Manager.
LF de Western Digital.
LF de Maxtor.

También existen muchas herramientas de programadores particulares en la web, y son freeware.

En algunos motherboard 486 y en los primeros Pentium, en el bios, también traen un software incluido para formateo en baja.

Particionado

Antes del formateo lógico de un disco rígido este se puede dividir en particiones y cada partición puede formatearse con un sistema de archivos diferente, permitiendo la instalación de varios sistemas operativos o para poder utilizar el espacio de una manera más eficiente.

Tipos de particiones

Hay 3 tipos de particiones:

Primaria
Extendida
Lógica

Un disco rígido puede contener hasta cuatro particiones primarias o también tres particiones primarias y una extendida. Estas cuatro particiones primarias, como hemos visto en la sección **MBR por dentro,**

Capítulo VII: Formateo

están limitadas por el MBR.

Particiones primarias

Una partición primaria puede contener un sistema operativo y una cantidad cualquiera de archivos de datos.

Antes de proceder a instalar un sistema operativo, primeramente se debe realizar un formateo lógico sobre la partición primaria del disco rígido para que tenga un sistema de archivos adecuado al sistema operativo.

Si el disco rígido tiene varias particiones primarias, sólo puede haber una partición primaria activa y visible. La partición activa es la partición de arranque de un sistema operativo. Las particiones primarias que no están activas están ocultas, evitando que se pueda acceder a los datos.

Particiones extendidas

La partición extendida se creó como una manera de superar el límite de cuatro particiones impuestas por el MBR.

Una partición extendida es básicamente una división física adicional del espacio de los platos, y puede contener una cantidad ilimitada de particiones lógicas.

Las particiones extendidas no contienen datos, las que sí lo contienen son las particiones lógicas creadas y formateadas a partir de esta partición extendida.

Capítulo VII: Formateo

Particiones lógicas

Dentro de las particiones extendidas se puede crear la cantidad que se necesiten de particiones lógicas.

Una vez creadas, las particiones lógicas deben formatearse lógicamente, para que cada una pueda utilizar un sistema de archivos adecuado al sistema de archivos que se va a usar en la máquina.

Fdisk

En DOS usamos el fdisk para generar las particiones adecuadas a las necesidades del sistema operativo que se va a usar y se pueden generar en FAT 16 o FAT 32.

Una función del fdisk que nunca se la llegó a hacer oficial es:

fdisk/mbr

El parámetro /mbr se utiliza para restituir el MBR a su estado original, modificado por diferentes motivos, como por ejemplo un ataque de virus.

En la *Pagina 72* podremos ver una foto donde nos muestra la lectura de los datos que hay dentro del MBR de un disco rígido, con el software Diskedit del Norton.

Capítulo VII: Formateo

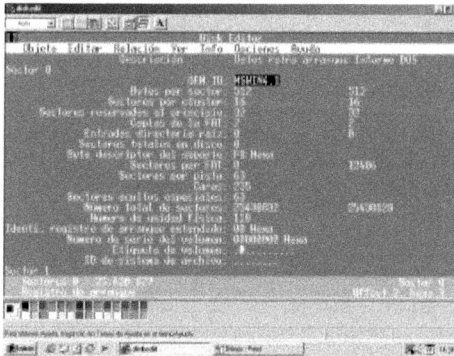

Formateo lógico

El formateo lógico va en función de los requerimientos del usuario, dependiendo del sistema de archivo que se va a usar, que puede ser DOS, OS/2, Windows, Linux, Novell, Unix, etc.

Hay diferentes herramientas para particionar y darle un formateo lógico:

> -Format (DOS).
> -Disk Manager.
> -Partition Manager.
> -Partition Magic.
> -Otros.

Capítulo VII: Formateo

Format

Format es lo que nos ayuda a preparar el disco rígido para poder cargar Windows; además le podemos instalar los archivos de arranque de sistema para que nos devuelva el prompt cuando booteamos con el disco rígido limpio:

> format c:/s

el parámetro "/s" es para que cargue los archivos de arranque

> io.sys
> msdos.sys
> command.com

Si no es la primera vez que se lo formatea se puede usar el parámetro / q

> Format c:/s/q

Este parámetro es para poder formatear sin verificar los clústeres, sólo formatea la FAT y el Directory Entry, dejando al disco rígido totalmente limpio.

Su uso es muy frecuente para hacer, lo que en la jerga se llama, un borrado rápido.

También se usa cuando se sabe que lo que se va a formatear tiene sectores dañados, para evitar que intente recuperar los sectores dañados que están marcados como Bad Clúster.

Capítulo VII: Formateo

Sistemas de archivos

Como habrán notado, no importa el sistema de archivo que se tenga que poner en el disco rígido, en todos los casos hay que formatearlo en baja.

Esto nos está dando un indicio de que todos los sistemas de archivos tienen estructuras básicas de trabajo, necesarias para almacenar y manejar datos. Estos son:

> -Registro de arranque del sistema operativo.
> -Directorios.
> -Archivos.
> -Control del espacio asignado y el disponible.
> -Control del lugar de cada archivo donde se encuentra físicamente
>   almacenado en el plato.
> -Mantenimiento de directorios y nombres de archivo.

Los sistemas operativos como Windows, Unix y Novell usan distintos sistemas de archivos, algunos sólo pueden reconocer un sistema de archivos, mientras que otros pueden reconocer varios.

Por Ejemplo: Windows 2000 soporta, NTFS, FAT32 y FAT16.

Diferencia de capacidad de un disco rígido

El ejemplo que voy a mostrar a continuación lo hacemos en base a un disco rígido Seagate ST38410A; en su etiqueta externa nos muestra que es de una capacidad de 8,4 GB.

Capítulo VII: Formateo

Nos vamos a la página de Internet de Seagate, consultamos los datos de este disco rígido y nos muestra:

Capítulo VII: Formateo

La página en internet se encuentra en:

> http://www.seagate.com/support/disc/ata/st38410a.html

Capacity:	8,62 GB
Speed:	5.400 RPM
Average Read Time:	10.5 ms
Cylinders:	1.023
Heads:	256
Sectors	63

Como se ve tenemos dos capacidades distintas de un mismo disco rígido,

-La capacidad que nos da en su tapa, 8,4 GB.
-La capacidad que nos da en la página de Internet, 8,62 GB.

Veamos dónde está el error.

En la página de Internet nos dice que los parámetros del disco rígido son:

> 1.023 CYLS
> 256 HEAD
> 63 SECTOR.

En cada sector se pueden almacenar 512 Bytes. Entonces la capacidad total es de:

> Capacidad = 1.023 * 256 * 63 * 512

Capítulo VII: Formateo

Capacidad = 8.447.459.328 Byte   (1)

Esta capacidad está determinada en bytes, ahora a traduzcámosla de bytes a GB.

8.447.459.328 / 1.024   = 8.249.481 KB

8.249.481 / 1024   = 8.056 MB

Capacidad = 8.056 / 1.024 = 7,86 GB

Esta es la capacidad real del disco rígido. Los fabricantes ponen la capacidad en bytes pero lo indican como GB.

En este caso le sacaron 8 cifras a la capacidad en bytes (1) y le pusieron 8,4 GB.

Con esto queda demostrado que toda la información que nos dan los fabricantes no siempre es veraz.

Capítulo VII: Formateo

CAPÍTULO VIII

Performance

En esta sección veremos lo que nos dice el fabricante acerca de las características técnicas, para poder elegir mejor una unidad a la hora de comprar.

En primer lugar vamos a la página de Samsumg (www.samsumg.com) y buscamos las características técnicas de un disco rígido.

Modelo..**SP20 SP4004H**

Capacidad y configuración
Capacidad .... 40,0 GB
Platos... 2
Cabezas.. 4
Interfase... Ultra ATA/100
Buffer... 2 Mbytes

Performance
Tiempo de búsqueda (típico)
Pista a pista................................... 0,8 ms
Media de búsqueda........................ 9,0 ms
Media de latencia
Rotación.. 7.200 rpm

Tasa de transferencia

Media de/para Buffer (max.)................... 473 Mbits/sec
Entre Buffer y Host (max.)..................... 100 MB/sec

MTBF (tiempo medio entre errores)....... 500.000 POH

Acústica
Reposo... 3,0 Bel
Read/Write.. 3,1 Bel

Especificaciones ambientales
Temperatura
En funcionamiento................................. 5 ~ 55 C
Apagado.. -40 ~ 70 C
Humedad (no condensada)
En funcionamiento................................. 5 ~ 85 %
Apagado.. 5 ~ 95 %
Linear Shock (1/2 sin pulso)
En funcionamiento, 2ms........................ 63 G
Apagado, 2ms... 300 G

Consumo
Voltaje... +5V ± 5%, +12V ± 10%
En busca (típico)..................................... 6.2 W
Read/Write (típico)................................. 7 W
Idle (típico)... 6.0 W
Standby (típico)...................................... 1.0 W
Sleep (típico).. 1.0 W

Diferentes velocidades de transferencia (interfase)

A continuación haremos una pequeña reseña de las diferentes interfases.

Capítulo VIII: Performance

ATA-1	1986	
ATA-2 o EIDE	1995	traducción CHS/LBA
hasta 8,4 GB		
ATA-3	1997	SMART
ATA-4 o ULTRA ATA 33	1998	acepta más de 8,4 GB
hasta 136 GB		
ATA-5 o ULTRA ATA 66	1999	
ATA 100 ULTRA ATA 100	2000	
ATA 133 ULTRA ATA 133	2002	
ATA 150 SERIAL ATA 150	2003	

ATA-2 o EIDE y ATA-3 tienen varios modos de rendimiento, el modo PIO y el modo DMA o Acceso Directo a Memoria.

Pio	MB/s	DMA	MB/s
0	3,33	0	16,67
1	5,22	1	25,00
2	8,33	2	33,33
3	11,11	3	44,44
4	16,67	4	66,67

Buffer

Es una memoria intermedia alojada en la lógica del disco rígido.

En la actualidad todos tienen una memoria buffer, donde se almacenan los últimos sectores leídos. Esto es muy importante ya que levanta el rendimiento en un alto porcentaje y también ayuda en la transferencia

Capítulo VIII: Performance

sostenida de datos. Según el modelo, la capacidad del buffer varía:

128 KB - Menos de   1 Gb
256 KB - Más de   1 Gb
512 KB - Más de   2 Gb

Generalmente los discos traen 128 KB o 256 KB de buffer; con esto los fabricantes varían la performance y el precio de un disco rígido.

En las características técnicas vemos:

Buffer   2 Mbytes

Si buscamos en Internet en:

http://www.wdc.com/sp/products/current/retailkits/wd2000jbrtl.asp

vemos que el modelo WD2000JBRTL tiene un buffer de 8 MB.

Otras de las funciones del buffer es que informa acerca de la finalización de una operación de escritura en el momento de recibir los datos, sin haberlos escrito aún en los platos, de esta manera no se producen estados de espera.

Con esto podemos resumir que un caché grande es imprescindible cuando se quiere obtener rendimiento.

Tiempo de búsqueda o posicionamiento

Es el tiempo que le lleva a los cabezales saltar de una pista a otra para

Capítulo VIII: Performance

encontrar la información que se busca. Puede ser que una pista esté al lado de la otra o que una pista esté en el otro extremo del plato; el tiempo varía según la búsqueda, por ello tenemos:

tiempo de búsqueda de pista a pista,
tiempo de búsqueda promedio.

En las características técnicas vemos:

tiempo de búsqueda de pista a pista   0,8 ms,
tiempo de búsqueda promedio   9,0 ms.

Latencia

Cada pista tiene múltiples sectores. Cuando la cabeza de Lectura/Escritura encuentra la pista correcta, las cabezas permanecen en el lugar e inactivas hasta que el sector pasa por debajo de ellas. Este tiempo de espera se llama latencia.

La latencia promedio es igual al tiempo que le toma al plato hacer medio giro y es igual en todos los discos rígidos que giran a la misma velocidad.

7.200 RPM → 1 revolución cada 60/7.200 segundos = 8,33 ms.

Como vimos el tiempo de latencia es medio giro, por lo tanto:

Tiempo de latencia $= \dfrac{8,33 \text{ ms}}{2} = 4,165 \text{ ms.}$

Capítulo VIII: Performance

RPM	1 vuelta cada	Latencia
3.600	16,66 ms.	8,33 ms.
4.500	13,33 ms.	6,66 ms.
5.400	11,11 ms.	5,55 ms.
7.200	8,33 ms.	4,16 ms.
10.000	6,00 ms.	3,00 ms.

Tiempo de acceso

El tiempo de acceso es la suma del **tiempo de búsqueda** más el **tiempo de latencia:**

$$T_{acceso} = T_{prom.\ búsqueda} + T_{prom.\ latencia}$$

En nuestro ejemplo sería:

$$T_{acceso} = \quad 9,0\ ms. \quad + \quad 4,16\ ms. \quad = 13,16\ ms.$$

Rotación

Es la velocidad a la que giran los platos, esto varía según el modelo del disco rígido: 3.600, 5.400, 7.200, 10.000, etc. En las características técnicas vemos:

Rotación   7.200 RPM

Capítulo VIII: Performance

Velocidad de transferencia interna

Cuando los cabezales localizan la información, comienzan a leerla y el destino de esta información leída es el buffer. A esto se le llama velocidad de transferencia interna. En las características técnicas vemos:

Media de/para Buffer (max.)   473 Mbits/seg.

El proceso inverso, el de escritura, se genera de la misma manera, por lo tanto la velocidad de transferencia de lectura es el mismo que el de escritura.

En las características técnicas (datasheet) de los fabricantes se los suele indicar sólo como velocidad de transferencia.

Velocidad de transferencia externa

La velocidad de transferencia externa es la velocidad con que salen los datos de la controladora (lógica) para el CPU. En las características técnicas vemos:

Entre buffer y host (máx.)   100 MB/seg.

Como notarán esto coincide con la velocidad de la controladora Ultra ATA/100.

De qué depende la velocidad de transferencia externa

La velocidad de transferencia depende de muchos factores:

Capítulo VIII: Performance

-De la velocidad de transferencia interna.
-De la densidad lineal de bits por cm de pista.
-De las RPM con que trabajen los platos.
-Del tiempo de respuesta de la controladora.
-De la existencia de un caché en ella.

¿Y en la práctica?

En la práctica, hay varios detalles a tener en cuenta para tener una buena velocidad de transferencia.

Según el chip del BUS del motherboard, hay distintas marcas y modelos que trabajan a diferentes velocidades de transferencia interna, que su fabricante varía según el modelo y el costo del motherboard.

Los fabricantes, después de detectar algún problema en el bios, ofrecen al público diferentes upgrades, entre ellos los de IDE, en muchas ocasiones cuando se realiza un upgrade de bios aumenta considerablemente el performance de transferencia.

Otro factor importante es la cantidad de memoria RAM en el CPU. Si la cantidad de memoria es poca Windows hace uso intensivo del Swap File (Memoria RAM en disco) y la velocidad de lectura de los archivos decae.

Si el disco rígido es ATA 66 en adelante, tiene que tener el cable de 80 hilos.

Un buen tamaño de buffer, como ya vimos en la sección **Buffer.**

Capítulo VIII: Performance

Velocidad de transferencia sostenida

En los cilindros internos la cantidad de bits por cm es mayor que en los cilindros externos (donde están más dispersos), por lo tanto la cantidad de información entregada (MB/seg) en un cilindro interno es mayor que en uno externo.

La velocidad de transferencia sostenida es el promedio de entrega de ambos cilindros. Esta tasa de transferencia es muy importante cuando los requerimientos de software son grandes.

Por ejemplo en el caso de una grabadora de CD, si este promedio varía mucho la grabación del CD se puede arruinar.

Comúnmente se confunde la velocidad de transferencia máxima con la velocidad de transferencia sostenida. La velocidad de transferencia máxima siempre es mayor que la velocidad de transferencia sostenida.

Factor de intercalado (Interleave)

En los discos rígidos más antiguos la decodificación era lenta; cuando el cabezal terminaba de leer un sector, decodificaba para dejarlo en el buffer, y para leer el siguiente sector, tenía que esperar a que los platos diesen una vuelta completa. Para evitar estas pérdidas de tiempo se creó el factor de Interleave.

Imaginemos un conjunto de sectores: 1, 2, 3, 4, 5..... 32.

Ahora imaginemos esto: 1, 16, 2, 17, 3, 18, 4, 19.... 32, 47.

Capítulo VIII: Performance

Se empezó a intercalar media pista en la otra. De esta manera, después de leer el sector 1 mientras lo decodificaba por abajo del cabezal pasaba el sector 16, cuando guardaba la información en buffer del sector 1 ya tenía abajo del cabezal el sector 2, sin tener que esperar que los platos diesen una vuelta completa. A esto se lo llamó factor de Interleave, dependiendo del disco rígido existían factores 1:2, 1:3, etc.

Cuando se formateaban en baja había que prestar mucha atención a este detalle, ya que como habrán notado el rendimiento caía mucho. Hoy en día, esto no es necesario. Los factores de «Interleave» son de 1:1, lo que significa que ya no se utiliza el interleaving.

En la actualidad las controladoras son tan rápidas, que cuando se les pide que lean un sector, leen también el resto de la pista, y los guarda en el buffer.

Esto lo hace porque presupone que se les va a pedir que lea el siguiente sector (es muy probable ya que tiene que completar un clúster de x KB de tamaño), de esta manera al tener la información en memoria la entrega en forma inmediata.

Por esto es aconsejable defragmentar el sistema de archivos con cierta frecuencia para levantar el performance de lectura-escritura de un disco rígido, ya que si los clústeres de un mismo archivo están en un mismo cilindro, se los leerá mucho más rápido que si están dispersos.

SMART (inteligente)

SMART son las siglas de tecnología de supervisión automática, análisis y generación de reportes.

Capítulo VIII: Performance

Este método de diagnóstico fue desarrollado originalmente por IBM para sus discos rígidos, con el fin de brindar tempranas advertencias de fallas. A partir de este desarrollo se llegó a una estandarización.

En la actualidad los principales fabricantes soportan SMART, como Western Digital, Maxtor, Seagate, Fujitsu, Quantum y lógicamente IBM.

No todas las fallas son predecibles, pero el análisis de varios atributos mecánicos determina si la degradación de los componentes está sobrepasando los límites de tolerancia.

Con el correr del tiempo y los diferentes testeos continuos, se pueden predecir ciertas fallas. Según la documentación de IBM, el 60% de las fallas son mecánicas, y son predecibles.

Esta predicción le da tiempo a los administradores de red, o al usuario final la posibilidad de poder hacer backup de sus archivos más importantes, y así poder reemplazar su disco rígido.

Cada fabricante utiliza su propio conjunto de atributos para medir el estado de sus unidades y estos son:

> -Altura del cabezal en los platos.
> -Desempeño de velocidad real de transporte.
> -Tiempo de rotación (RPM).
> -CRC.
> -Total de sectores reasignados (defectuosos).
> -Índice de errores de búsqueda.
> -Desempeño del tiempo de búsqueda.
> -Recuento de intentos de rotación.

Capítulo VIII: Performance

-Conteo de reintentos de calibración.
-Temperatura.

En total son 35 los atributos. Si el SMART detecta un cambio de importancia, en forma inmediata nos muestra un cartel:

WARNING: Immediately back up your data and replace your hard disk drive. A failure may be imminent.

Esta tecnología de predicción lógicamente no tiene nada que ver con los hechos fortuitos como golpes, golpes de tensión, virus, maltrato, etc.

Para trabajar con el SMART tenemos que habilitarlo en el bios del motherboard. También hay programas extras para poder testearlos. Como primera medida hay que comprobar si el fabricante tiene programas específicos para esta función. También existen programas comerciales y gratuitos.

-IBM Netfinity Manager.
-Microhouse International EZ Drive.
-Active Smart. http://www.ariolic.com/activesmart/index.html
-Smartudm. http://www.sysinfolab.com/index.htm
-Norton Smart Doctor de Symantec.
-SystemSuite de Ontrack.
-Data Lifeguard Online Diagnostics de Western Digital.
Este programa está diseñado para trabajar con todos los discos rígidos equipados con SMART.

También está online en:

http://websupport.wdc.com/diag/dlg_info.asp?lang=ls

Capítulo VIII: Performance

CAPÍTULO IX

Sistemas de decodificación

Los datos llegados a un disco rígido son digitales (1 y 0) pero estos se guardan en la superficie de los platos en forma analógica. Esta traducción se logra a través de un chip que se encarga de procesar la señal.

Cuando se guarda información binaria en forma de onda, la temporización de un reloj externo es muy importante, ya que esto delimita cuándo comienza y termina un Bit. Imagínense lo que ocurre cuando empieza a variar la corriente, o las RPM del motor de los platos; es evidente que la información leída deja de ser confiable para decodificarse, porque en un mismo lapso de tiempo se leerían más o menos 0.

La solución que se le dio es guardar con los datos el sincronismo de reloj; con esto se asegura que una vez leída la información exista el cambio de flujo correspondiente y que se puedan leer los datos con precisión.

Los sistemas de codificación más conocidos son:

    FM   Frecuencia Modulada.
    MFM   Frecuencia Modulada Modificada.
    RLL   Longitud de Recorrido Limitado.

Codificación FM

Esta codificación se utilizaba en viejos disquetes y ya está en desuso. El problema es que utilizaba hasta la mitad del espacio total en señales de tiempo para el proceso de decodificación.

Codificación MFM

Esta codificación es desarrollada a partir de la FM y logra almacenar el doble que la codificación FM, ya que minimiza el uso del reloj; sólo lo usa cuando un Bit 0 es seguido por otro 0. En cualquier otro caso el reloj no es requerido.

A esta codificación también se la llamó Doble Densidad; en la actualidad se la usa en las disqueteras de 3 ½ y fue usada en los primeros discos rígi-dos.

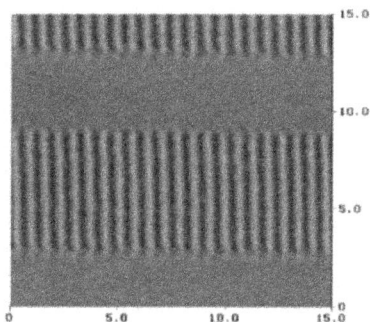

En la imagen vemos, a nivel atómico, cómo se guarda la información.

Capítulo IX: Sistemas de decodificación

En esta imagen vemos una grabación MFM de un patrón de prueba constante en los platos de un disco rígido.

El microscopio magnético detecta el campo magnético sobre la superficie de los platos. Esta exploración tiene 15 micrones.

Codificación RLL

En la actualidad es el más usado; esta codificación trabaja en forma más eficiente que el MFM y puede guardar hasta el 50% más al aumentar la densidad de almacenamiento; la tasa de transferencia también es superior por este mismo motivo.

El código RLL (Run Length Limited) cambia la manera de almacenar de MFM, y la nueva secuencia guardada debe cumplir que por muchos 1 ó 0 guardados existen los cambios de flujos correspondientes.

Hay muchas variedades de patrones a usar, el más usado es RLL 2,7.

RLL 2,7 significa que en medio de dos 1 hay un mínimo de dos 0 y un máximo de siete 0.

Codificación ARLL (Advanced Run Length Limited)

Esta es una versión RLL 3,9. Es una versión avanzada del RLL que tiene una secuencia de ceros del 3 al 9, lo cual incrementa el espacio del disco rígido hasta un 100% sobre el MFM. Pero produjo una cierta inestabilidad y cayó en deshuso.

Capítulo IX: Sistemas de decodificación

Precompensación de escritura

Al poseer una gran densidad de cilindros y sectores por cilindros, una vez que se logra grabar la información, las zonas magnéticas se empiezan a comportar de una manera distinta.

Cuando los cilindros o los sectores están muy cerca se produce una interacción entre sus polos; los polos opuestos se atraen, y los polos idénticos se repelen, lo cual provoca un desplazamiento que perturba la posterior lectura.

Para resolver este problema se aplica una técnica que se llama precompensación de escritura, en la cual los datos se desfasan durante la escritura de manera que pueda compensarse en la posterior lectura.

Esta técnica se aplica a partir de un determinado cilindro; los fabricantes establecen a partir de qué cilindro se realiza la precompensación, siendo esta una de las características en el setup del bios del motherboard.

En el setup del bios donde se introducen los parámetros hay una opción denominada WPcom o PRECOMP para indicar el lugar donde se produce la precompensación de escritura.

En los discos rígidos que utilizan **grabación de zona de bits** no se aplica el principio de precompensación de escritura, por ello, cuando instalemos un disco rígido de estas características tendremos que indicar en el SETUP que no utiliza precompensación de escritura y se indica con el valor 0 o el valor 65535.

Capítulo IX: Sistemas de decodificación

CAPÍTULO X

Reparar un disco rígido

Como primera medida, tenemos que tener en cuenta la información contenida, considerar si no nos interesa o si estamos haciendo una reparación para luego recuperarla.

La reparación de un disco rígido comienza cuando lo conectamos por primera vez a una fuente de alimentación. Nunca lo conecten a un motherboard ya que si la lógica está en corto circuito pueden quemar el motherboard.

Una vez que lo conectamos y le dimos corriente nos vamos a encontrar con varias situaciones que paso a detallar a continuación:

1. Hace mucho ruido

En muchas oportunidades, sin distinción de marcas, se encontrarán que el eje del motor de los platos genera mucho ruido, como si se hubiera roto algún rodamiento, o algún campo del motor. En estos casos el ruido producido genera una vibración interna de los platos y estos a su vez lo pasan a los cabezales.

La lectura y la escritura se torna imposible por la excesiva vibración; si bien en ciertas ocasiones se puede seguir utilizándolo, ya le queda poco tiempo de vida útil.

Otro de los ruidos con los que se van a encontrar, es el que genera el cabezal cuando raspa la superficie de los platos y se produce un ruido chirriante, esto sucede porque el motor no tiene la velocidad de rotación adecuada, al no generarse el colchón de aire, los cabezales no terminan de despegar nunca.

Normalmente ninguno de estos problemas tiene solución.

2. Los platos no giran

Es evidente que la lógica está quemada o está mal parqueado, ya que en muy raras ocasiones se quema un motor. Como primera medida debemos cambiar la lógica; la nueva tiene que ser idéntica a la quemada.

Aclaro que tiene que ser idéntica porque se van a encontrar muchas veces que en un mismo disco rígido, del mismo modelo, con la misma capacidad, con la misma cantidad de cilindros, con diferencia de 2 o 3 meses de fabricación tienen hasta 3 lógicas diferentes; esto también sucede porque se los fabrica en varios países simultáneamente o se hacen nuevas revisiones.

Si uno hace la prueba con dos o tres discos rígidos de esta clase funcionando en óptimas condiciones y se intercambian las lógicas van a notar que no bootean, sólo hacen clac-clac como si el problema fuera del MBR, cabezal o firmware.

Capítulo X: Reparar un disco rígido

En muchas ocaciones este problema se soluciona haciendo un cambio de eeprom; al nuevo PCB se le pone la eeprom del viejo PCB a reparar.

Algunos de estos modelos son:

Maxtor	32049H2	4 lógicas
Maxtor	90320D2	2 lógicas
Samsumg	SV844A	3 lógicas
Samsumg	SV1022D	2 lógicas

Todos los fabricantes tienen un código interno para estas lógicas que no siempre es efectivo pero es de mucha ayuda para poder diferenciarlas.

Otra de las maneras de diferenciarlas es mirarlas atentamente y tratar de encontrar algún chip diferente para generar la duda de si es o no la lógica adecuada para la reparación de este disco rígido.

Otra de las ayudas es buscar un disco rígido del mismo modelo de mayor o menor capacidad; en muchos casos las lógicas son iguales a pesar de ser de distintas capacidades.

En ciertos casos hay que darle importancia a la revisión del firmware del modelo, ya que una revisión diferente significa que el software del firmware es anterior o posterior al necesitado.

Ej.: En la etiqueta de un Quantum modelo viejo dice:

Modelo de lógica RR34A011 Rev. 03-E

C/H/S 127=919/16/17, 170=1011/15/22, 340=1011/15/44

Capítulo X: Reparar un disco rígido

Esto significa que en este modelo venían de tres capacidades distintas y esta lógica era usada para estos tres modelos.

Cuando estaba en mis comienzos descubrí que si a un disco rígido de 127 MB le cambiaba los parámetros en el bios y le ponía el de 170 MB o el de 340 MB y si me los aceptaba, luego lo formateaba en baja y luego en alta; así obtenía un disco rígido más grande por el precio de uno menor, aunque muchas veces no resultaba.

3. Los platos siguen sin girar

Muy raramente se van a encontrar con motores quemados o en corto circuito; con la única marca que van a tener este problema es con Quantum, y este problema no tiene solución.

Capítulo X: Reparar un disco rígido

Otro de los problemas es que los cabezales se pegan en los platos, esto lo van a encontrar muy a menudo en la marca Samsumg y en los SCSI.

Para esto hay una técnica de despegado sin tener que desarmar la burbuja, que se las describo más adelante en la sección **Técnica de movimiento**.

4. El famoso clac-clac

Una vez que los platos empiezan a girar se puede generar este golpe u otra clase de ruido extraño. Hay tres alternativas:

1ª Existe la posibilidad de que la lógica no se haya quemado completamente pero sí estar seriamente averiada. Hay que probar de reemplazarla.

2ª Como se explicó en la sección **Los platos no giran**, si cambiaron la lógica por más que sea igual, si no es la adecuada, les va a generar este ruido. Tienen que estar completamente seguros de que es la lógica adecuada para poder continuar con el diagnóstico.

3ª Suponiendo que la lógica sea la adecuada y esté funcionando bien, cuando el cabezal trata de encontrar el MBR para generar un booteo y así pasarles los parámetros al bios del motherboard no lo encuentra, y queda en una búsqueda de nunca acabar, generalmente luego de esto los platos dejan de girar. Esta falla puede ser superficial o de firmware.

Capítulo X: Reparar un disco rígido

5. No logro conseguir la lógica adecuada

Si no logran conseguir la lógica adecuada, tal vez la lógica que tiene problemas tenga reparación.

Los chips que se queman con mayor frecuencia son los chips de control del motor. Como dije en la sección **¿Hay fallas típicas en la parte electrónica?**, muy esporádicamente encontramos otras clases de chips quemados, generalmente ocurren cuando el chip de control de motor entra en corto circuito y este se expande a los demás chips, o cuando por sobrevoltaje de la fuente de alimentación (alta tensión, rayo) pasa a la lógica quemándola.

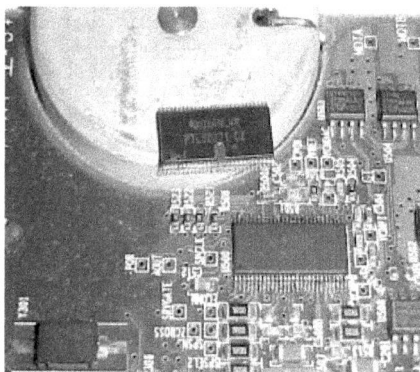

Chip de control de motor de un Maxtor reemplazado

Capítulo X: Reparar un disco rígido

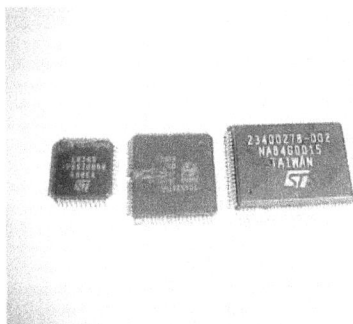

Diferentes chips de control de motor quemados

Chips de control de motor quemado de un Samsumg

Capítulo X: Reparar un disco rígido

6. Logré conseguir la lógica adecuada

-Puede suceder que comience a bootear. El movimiento de los cabezales es un movimiento muy particular que a través de los miles de discos rígidos que pasaron por mis manos aprendí a reconocer. Suena como música para mis oídos.

La única partida de discos rígidos que me engaña con este movimiento y que hasta el día en que escribí este libro no pude descubrir por qué se genera es el Fujitsu de 10 a 40 Gb, pero no se preocupen, ya le queda poco, ir a *página 119.*

-Si sigue con su clac-clac, el diagnóstico es que la superficie está dañada y el cabezal no puede hallar el MBR para generar el booteo, que sea un problema de firmware o que el chip que está en la base de los cabezales esté quemado y no pase la información a la lógica, impidiendo el booteo.

Si se llega a la conclusión de que el chip de la base de los cabezales está quemado, no es imposible cambiarlo pero es una tarea muy ardua ya que hay muy poco espacio para trabajar cómodo.

Hay que trartar de no sacar el cabezal porque el eje que lleva el cabezal tiene un torque de ajuste por computadora que una vez cambiado difícilmente recupere su estado original. No olviden que los cabezales tienen que despegar de los platos una vez que se forma el colchón de aire.

Prueben esto: si sacan el cabezal de un disco rígido que está funcionando en óptimas condiciones y lo vuelven a colocar, van a descubrir que no lo

Capítulo X: Reparar un disco rígido

van a poder volver a hacer funcionar como hasta hace 15 minutos, si se ponen a probar con diferentes torques van a notar que si se pasan del torque adecuado no lee el firmware y si se quedan cortos tampoco lee el firmware para poder bootear.

También van a tener que pensar en trabajar en una cámara sin impurezas en el aire, porque las partículas de suciedad se pueden meter entre los platos y los cabezales y producir errores de lectura. Este problema se incrementa a medida que el modelo del disco rígido es más nuevo, ya que los cabezales tienden a ser más chicos, por la cantidad de pistas por centímetro.

Si revisan los cabezales de un disco rígido muy viejo (de los primeros) el ancho de los cabezales llegaban a tener 2 o 3 milímetros; en los actuales no pasan de ½ mm.

El tamaño de las partículas de aire donde se producen los discos rígidos son mucho más chicas que las partículas existentes en un quirófano.

Chips en la base de un cabezal

Capítulo X: Reparar un disco rígido

7. Logré que el disco bootee

Una vez que logramos hacer bootear el disco rígido comienza otro trabajo.

Si la información contenida nos interesa este es el momento para saltar a la sección **Recuperación de información**, porque a partir de aquí, según los pasos seguidos se puede perder toda la información.

Hay un programa con el que trabajo, el Disk Manager V9.46. Este software lo vende Ontrack para uso general y también comercializa una versión para cada fabricante en particular. Si tomamos uno de Seagate y queremos formatear un disco rígido de Western Digital nos devuelve un cartel que dice que no fue hecho para otra marca.

Para evitar este problema y poder tener uno de uso general, tenemos que sumarle el parámetro /x para que no lea el bios.

Lo tenemos que hacer arrancar así:

    Dm/x

Para poder llenar de 0 o formatearlo en baja hay que sumarle otro parámetro al DM que es el /m (de manual).

Y lo tenemos que hacer arrancar así:

    Dm/m/x

¿Para qué llenar de 0 o formatearlo en baja? Para eliminar errores de la superficie.

Capítulo X: Reparar un disco rígido

También podemos particionar y formatearlo en pocos segundos; esto no significa que la superficie no tenga sectores dañados. Para solucionar este problema le hacemos un "chequeo de partición" y el programa va a marcar los sectores dañados; la única contra es que no nos informa si hay o no sectores dañados.

Para ver si la nueva partición tiene o no sectores dañados visibles, tenemos la utilidad del DOS.

Scandisk c:/surface/autofix

-El parámetro /surface es para que escanee la superficie en forma automática.

-El parámetro /autofix es para que repare los sectores dañados en forma automática si es que halla algún otro.

¿Se pueden eliminar los sectores dañados?

Como se dijo al principio, hay dos clases de sectores dañados:

-El primero es cuando la superficie está dañada o degradada y esta clase de sector no es reparable.

La única solución a este problema es marcarlo como Bad Clúster y aprovechar el resto de la superficie.

-El segundo es el sector lógico dañado y aquí veremos cómo se lo puede reparar.

Capítulo X: Reparar un disco rígido

Por diferentes motivos, partes de la superficie de los platos se magnetiza en forma incorrecta y este cambio de magnetización no se puede revertir a su estado original ni aun formateándolo en baja ni llenando de 0 la partición. Para solucionar este problema hay varias herramientas:

Hddreg: lo encontramos en http://www.dposoft.net/. Con diferentes algoritmos de señal logra reparar este problema. He solucionado muchos problemas con este software.

Spinrite: está en http://grc.com/intro.htm. También revisa todos los sectores y da un formato de baja al sector que lo necesita.

Diskrep: lo encontramos en http://www.unistal.com/disk_repair.html Hace un trabajo similar al hddreg.

Con estas herramientas les puede pasar que reparen el error pero al pasar un Scandisk se les vuelva a generar el mismo error. Yo atribuyo este problema a que la superficie ya está degradada (gastada) y no se la puede recuperar, la mejor alternativa es dejarlo como Bad Clúster.

¿Se puede reparar el sector 0 cuando está dañado?

Si, como vimos en la sección de **MBR por dentro** la parte de la superficie donde se aloja el código de arranque es lo que está mal, esta parte de la superficie puede ser un sector dañado en forma definitiva o un sector lógico dañado.

-Como primera medida hay que tratar de repararlo con las herramientas que se describieron en la sección **¿Se pueden eliminar los sectores**

Capítulo X: Reparar un disco rígido

dañados?

-La otra alternativa, es generar una nueva partición, comenzando en otro cilindro, distinto al 0 con el Disk Manager.

Se siguen los pasos que el Disk Manager va pidiendo para generar una nueva partición, en el anterior a generar la partición nos pregunta cómo la queremos generar, si por megabyte o por cilindros, aquí hay que indicarle por cilindros. En este momento es cuando desechamos el primer cilindro, que es el que tiene problemas. Hay que indicarle que la partición se inicie en el 2° o 3° cilindro y que termine la partición en el cilindro que corresponda.

Si la superficie está muy dañada y tienen que indicarle que comience en el cilindro 10, 20 o 30 no se asusten porque según cuán deteriorada está la superficie van a tener que ir corriendo el principio de la partición. El único problema es que el espacio aprovechable va disminuyendo.

Tasa de reparación

Considero que no existe un porcentaje de tasa de reparación, esto varía en sobremanera según la marca y modelo del disco rígido. A esto hay que sumarle el problema específico del disco rígido que traen a reparar.

No es lo mismo reparar un Western Digital 22500 que reparar un Fujitsu menor a 10 GB. En el primer caso, como dije al principio, las probabilidades de reparación son mínimas, en cambio con el Fujitsu las posibilidades son mucho mayores.

Capítulo X: Reparar un disco rígido

Ahora, si a ese Fujitsu que tiene grandes probabilidades de repararse le dieron un golpe, en este caso también decaen las posibilidades de reparación.

Por esta razón considero que no hay un porcentaje de tasa de reparación cierta.

Una de las preguntas que me hacen los clientes es qué probabilidades de reparación tiene su disco rígido dañado. Para responderle no me guío ni por marca ni por modelo, sólo les digo que les respondo después del diagnóstico.

Capítulo X: Reparar un disco rígido

CAPÍTULO XI

Recuperación de información

La recuperación de información va tomada de la mano de la reparación, ya que para poder sacar la información hay que poder levantar el disco rígido.
En esta sección vamos a partir de la base de que el disco rígido ya está en funcionamiento.

Como primera medida antes de conectarlo a un motherboard para empezar a trabajar hay que tener todos los elementos preparados, ya que en algunos casos nos dan un último hálito de vida y ese momento hay que saberlo aprovechar.

En plaza hay muchas herramientas de recuperación, creo que no hay que desechar ninguna, ya que puede ocurrir que la que creíamos que era la mejor en esta recuperación, en la siguiente recuperación resultó ser la peor.

No se olviden de que el objetivo es sacar la información del cliente, no importa cómo.

Algunas herramientas que funcionan muy bien:

-Easy Recovery
-Get Data Back
-Recover 98
-R-studio
-Final Data
-Lost and Found
-Partition Magic

Con el Captain Nemo de la empresa Runtime Software, podemos ver distintas clases de sistemas de archivos FAT16, FAT32, NTFS, EXT2, EXT3 bajo el entorno Windows 98.

Recomendaciones

-En muchas ocasiones se van a encontrar con que el bios no se lo detecta. No se dejen llevar por el automatismo de los bios, ingresen y pidan que se los detecte varias veces hasta que lo logren, generalmente cuando toma un poco de temperatura, excepto cuando el problema de MBR sea grave, o un problema de firmware.

-Es muy importante respetar el jumpeado como viene originalmente de fábrica, no lo pongan ni como slave ni como cable select. Con esto van a tener que transformarse en maestros del jumpeado porque van a solucionar más de un problema. Esto fue explicado en la sección **Cómo lo conecto.**

Uno muy típico es el de los Western Digital, que de fábrica vienen con el jumper horizontal y cuando uno lo saca de ese estado en algunos casos al bios le cuesta detectarlo, es por ello que aconsejo volver a las fuentes.

Capítulo XI: Recuperación de información

-Aun siendo Ultra Ata 100 o Ata 133 sólo utilicen cable de 33 Mbps, los cables planos de 40 pines, porque si la lógica o algún chip está al límite de su temperatura de trabajo, con esto bajamos la velocidad y por ende la temperatura de los diferentes componentes de la lógica, para que nos dé tiempo a sacar la información.

-Siempre pongan su disco rígido con sus herramientas de recuperación como master en la primera IDE y con espacio suficiente para sacar la información. Si a ese equipo lo tienen conectado a una red, mejor aún, con esto nos aseguramos de no quedarnos nunca sin espacio.

Capítulo XI: Recuperación de información

-Al disco rígido que hay que recuperar pónganlo como master en el segundo IDE, esto hay que usarlo así para que no se genere ninguna clase de conflicto con otros discos rígidos ni lectoras de CD ni Ziperas.

-No escribir nunca en el disco rígido que se está recuperando, porque el daño que se produce es muy grande.

-Si logran acceder no se arriesguen a apagarlo hasta no sacar toda la información. Me pasó una vez en mis comienzos que no logré levantarlo nunca más.

-No usar nunca el Scandisk ni el NDD de Norton.

-Cuando lo arranquen, Windows detecta el segundo disco rígido con problemas y quiere hacerle un Scandisk, saltéenlo, ya que es una pérdida de tiempo porque está tratando de reparar los sectores dañados, y ni hablar si nos quiere reparar la FAT, porque va a dividir los archivos que nosotros queremos recuperar en los famosos CHK.

Técnicas de recuperación

Hay varias técnicas para la recuperación de información que fui descubriendo con el tiempo y paso a describir a continuación:

Técnica de movimiento

La técnica que uso para despegar los cabezales de los platos sin abrir la burbuja es:

Capítulo XI: Recuperación de información

Hacer un medio círculo en sentido horario con el disco rígido en la mano en forma violenta (no golpearlo) y frenarlo en forma brusca, y volver a darle corriente para comprobar si logramos despegar los platos del cabezal.

Si siguen pegados esta vez hacer el medio círculo con la corriente puesta y la fuente encendida.

Como último recurso si sigue pegado, desconectarlo, golpearlo en forma vertical (soltarlo a la mesa de canto desde unos 4 cm) para que los cabezales corran paralelos a los platos y no en forma perpendicular, que generaría un sector dañado.

Generalmente los que más sufren esta falla son los de marca Samsumg, los SCSI y los de notebook.

Capítulo XI: Recuperación de información

Técnica del frío

Esta técnica la descubrí por casualidad. Un día que estaba experimentando, puse el disco rígido en el freezer, después de ½ hora, lo saqué y empezó a funcionar.

Lo hice porque físicamente hablando los átomos pierden velocidad y tienden a agruparse en un menor espacio, al estar agrupados en un menor espacio, en esa porción la intensidad de lectura aumenta, dándonos así una última posibilidad de lectura. Como consecuencia de esto cada 15 minutos tenía que apagar, llevarlo al freezer y volverlo a enfriar. Logré sacarle 15 GB a ese disco rígido, pero tienen que tener ciertos cuidados:

1° Se llena de humedad, lo cual puede afectar la lógica, por ello lo tienen que cubrir bien cuando lo tengan que colocar dentro del freezer, yo los coloco en las cajas plásticas que vienen cuando se los compra.

2° Si se pasan con el tiempo de enfriado, se congela el eje del motor y no arranca, y se puede quemar el chip de controlador del motor. Hay que dejarlo hasta que se le vaya el frío.

Técnica del calor

Si hay algún contacto medio débil dentro de la burbuja con el calor los materiales tienden a dilatarse y así producen un mejor contacto, dándonos una última posibilidad de lectura. ¿Cómo lo hago? No se les ocurra colocarlo en el horno de la cocina, conéctenlo a una fuente de alimentación y déjenlo andar ½ o 1 hora hasta que tome temperatura adecuada para volver a probar.

Capítulo XI: Recuperación de información

Cambio de cabezal

Sólo lo hago con el consentimiento del cliente y en caso de que los platos no tengan rayones importantes en la superficie.

Por qué se dificulta cambiar los cabezales

Armemos un ejemplo sobre la base de un disco rígido de 2 platos y cuatro cabezales.

Como hemos visto en la sección **Cilindro,** los 4 cabezales escriben y leen simultáneamente en ambas caras de los 2 platos.

Supongamos que el cabezal que tuvimos que sacar de otro disco rígido en perfecto funcionamiento tiene una desviación entre el cabezal superior y el inferior de 1/100 de mm.

Este problema no afecta a este disco rígido ya que fue construido y calibrado con esa desviación, pero veamos qué pasa cuando lo ponemos en el que queremos recuperar.

Supongamos que tenemos 10.000 cilindros por cara; algunas caras llegan a tener 30.000 cilindros o más. Si medimos en forma aproximada la superficie aprovechable de lecto-escritura de un plato, es de aproximadamente 25 mm y si dividimos los 10.000 cilindros en los 25 mm de superficie nos da que entran 400 cilindros por milímetro, a los 400 cilindros los dividimos en 1/100 mm. Y vemos que nos da 4 cilindros por 1/100 mm.

Capítulo XI: Recuperación de información

Como podrán concluir, vemos que el error de lectura del cabezal superior con respecto al inferior tiene una diferencia de 4 cilindros. Es evidente que con esto no se puede hacer mucho, ni siquiera leer el SA (service Area) para que arranque.

Y todavía nos queda pendiente el poder dar el torque aproximado al adecuado del cabezal para que los cabezales despeguen de los platos.

Con esto confirmo lo que dije al principio, soy de la idea de que no hay que abrir una burbuja, sólo se puede hacer excepcionalmente, y con el expreso consentiminto del cliente.

La tasa de recuperación de discos rígidos con problemas de cabezal es menor a la de cualquier otro tipo de falla.

Tasa de recuperación

En esta sección, como en la sección de **Tasa de reparación**, también considero que no existe un porcentaje de tasa de recuperación. A pesar de ello voy a tratar de hacer algunas aclaraciones sobre el tema.

Hay dos clases de tasa de recuperación:

-La primera es por unidad a recuperar de discos rígidos.

-La segunda es la cantidad de MB o archivos recuperados, por disco rígido con respecto a la necesitada por el cliente.

Capítulo XI: Recuperación de información

1° Una de las preguntas más frecuentes, al igual que en la sección de **Tasa de reparación** es acerca de qué probabilidades hay de recuperar los datos.

Como primera medida hay que reparar la unidad y para las probabilidades nos tenemos que referir a la sección de **Tasa de reparación.**

Una vez que logramos levantar el disco rígido, tenemos que ver las probabilidades de ver la información.

No podemos hablar de una de tasa de recuperación certera ya que la recuperación va en función del problema que traiga el disco rígido; en todo caso podríamos tener una tasa de problemas de diferentes partidas de discos rígidos de diferentes fabricantes y a esto le tendríamos que sumar otros factores como virus, problemas eléctricos, etc.

2° Una vez que se logra acceder al disco rígido, es muy alto el porcentaje de recuperación por cantidad de MB, es muy raro pero no improbable encontrar discos rígidos que nos permitan levantarlo y no nos permitan acceder a la información por cantidad de sectores dañados. En estos casos la mejor herramienta es el Lost & Found de PowerQuest, es muy lento pero muy efectivo.

Otro problema similar es que por algún defecto del sistema de archivos o por virus, nos permita acceder al disco rígido pero no a la partición y por consiguiente no se pueda recuperar la información.

Veamos un ejemplo:

Supongamos que nuestro cliente nos pide 10 archivos de los 1.500 que tiene en su disco rígido. Logramos recuperarlos, por lo tanto la efectividad es del 100% aunque a los otros 1.490 no los podamos ver. Podemos concluir que la recuperación fue efectiva.

Ahora supongamos a la inversa:

Nos pide 10 archivos de los 1.500, le recuperamos 1.495 archivos, y los otros 5 de los 10 que nos pidió al principio no pudimos, por diferentes motivos. Es evidente que podemos concluir que esta recuperación fue exitosa parcialmente, ya que si bien se recuperó gran parte de los archivos, no fueron los que el cliente necesitaba.

La recuperación va en función de la necesidad del cliente, no de lo que nosotros podemos ver o recuperar.

Este ejemplo me pasó con un cliente que tenía más de 3.500 archivos recuperados (planillas de excel y word) y necesitaba un sólo archivo para hacer una presentación de suma importancia al día siguiente. Adivinen qué pasó.

Capítulo XI: Recuperación de información

Capítulo

Firmware

Como les decía en la *página 102* del capítulo **Reparar un disco rígido** de la primera edición.

«La única partida de discos rígidos que me engaña con este movimiento y que hasta el día en que escribí este libro no pude descubrir por qué se genera es el Fujitsu de 10 a 40 Gb, pero no se preocupen, ya le queda poco.»

Ahora puedo decirles con orgullo que era así, le quedaba poco tiempo, es por eso que me decidí a escribir este capítulo extra sobre el firmware de discos rígidos.

El firmware es un pequeño software que va inserto en los platos del disco rígido de todas las marcas.

En algunas marcas como Maxtor lleva una parte del firmware en los platos del disco rígido y la otra parte en una memoria flash de alta velocidad ubicada sobre la lógica, complicando en sobremanera este trabajo.

Hay muchos modelos de discos rígidos de diferentes marcas que sufren este problema, como por ejemplo:

Seagate	U4
	U5
	U6
	U8
	U10
	Barracuda
	y otros

Maxtor	Athena
	Proxima
	Romulus
	Rigel
	Ares
	N40p
	Calypso
	y otros

Fujitsu	Mpf
	Mpg
	Mph
	y otros

W. Digital	ab
	eb
	jb
	y otros

no pretendo poner todos los modelos ya que la lista sería interminable.

Capítulo XII: Firmware

Como nos damos cuenta de este problema?

Cuando por algún motivo el firmware se borra, o se degrada la grabación en los platos, o se quema la eeprom, el disco rígido automáticamente deja de ser reconocido, perdiéndose todos los datos.

Cuando esto ocurre, los indicios son diferentes según la marca del disco rígido, aca van algunos ejemplos:

-En el caso de los Fujitsu el disco rígido bootea pero no es reconocido por el bios, o como en muchas ocasiones lo detecta como cyl 0, head 0, sectores 0.

-En el caso de algunos Maxtor, cuando lo queremos detectar con el BIOS de la máquina es reconocido como N40P, Galaxy, Metheor, Athena, y a los parámetros, cilindros, cabezas y sectores no los reconoce, luego de esto nos informa el BIOS de la máquina «Secondary Master drive fails».

-En el caso de algunos Seagate no nos da ningún indicio, solo no lo reconoce.

Como habrán observado les puse 3 ejemplos de diferentes marcas y los 3 con indicios diferentes.

Otra manera de darnos cuenta:

Como primera medida vamos a bajar de internet un programa que se llama MHDD.

http://www.mhddsoftware.com

Capítulo XII: Firmware

Una vez que cargamos el MHDD en DOS ponemos el disco rígido que tenemos problemas como master en el IDE secundario.

Cuando prendemos la máquina, lógicamente no va a ser reconocido por el BIOS pero a pesar de eso y a pesar de que el BIOS nos dice «Secondary Master drive fails» vamos a continuar adelante, booteamos en DOS, arrancamos el programa con MHDD29.exe.

Como primera intrucción ponemos

PORT

y aquí a pesar de que el disco rígido no fue reconocido por el BIOS ya estamos viendo el modelo, elegimos el

PORT 3 [enter]

luego le ponemos la segunda instrucción,

ID [enter]

y nos da todos los datos del disco rígido con problemas incluyendo el modelo del firmware.

En este punto nos preguntamos como es que el BIOS no lo reconoce pero estamos viendo todos los datos de fabricación de este disco rígido, es evidente que el disco rígido esta trabajando y sigue contestando a nuestras peticiones, con esto llegamos a la conclusión de que el problema es de FIRMWARE.

Capítulo XII: Firmware

Como lo soluciono?

Lamentablemente y como ya es costumbre hay muy poca información de los fabricantes con respecto a este tema.

Una de las soluciones que le dí a este problema es buscando en los diferentes fabricantes de equipos de computación, como Hp, Compaq, Dell, los updates de firmware de los discos rígidos de sus diferentes modelos de CPU, ellos también tienen el mismo problema pero con la diferencia que tienen las herramientas del fabricante del disco rígido y también tienen que darle una solución al cliente.

Van a encontrar mucha información en paginas web rusas y chinas, olvídense del castellano y de el ingles :)

En muchos casos una vez repuesto el firmware se logra dejar intactos los datos para poder recuperarlos, o reparar el disco rígido para que siga funcionando.

Capítulo XII: Firmware

Apéndice A

Glosario

1 Byte = 8 bits

BIOS: basic input-output system

Boot: iniciar la computadora con un sistema operativo.

Burbuja: parte mecánica de un disco rígido.

Chip: circuito integrado que va en la parte electrónica.

ECC: Error Corrección Code.

Jumper: conector para poner dos pines en ON o en OFF.

LBA: Logical Block Addressing.

Lógica: parte electrónica del disco rígido.

Sistema de archivos: el sistema de archivos es la forma de guardar los

datos de un sistema operativo.

Parkeo: estacionamiento de los cabezales para su transporte.

Pines: terminal de contacto.

Upgrade: cambiar un software por uno igual pero de versión superior.

Apéndice B

Conversión de decimal a hexadecimal

Para pasar de decimal a hexadecimal se procede así:

Decimal → binario → hexadecimal

Al número binario lo dividimos en grupos de 4 bits de derecha a izquierda.

Ej.:   111101

Lo dividimos de derecha a izquierda en grupos de 4 y queda así.

11 y 1101

Como el primer grupo queda de 2 cifras, le añadimos al principio los ceros necesarios para completarse a cuatro bits, quedando:

0011 y 1101

Tomamos el primer grupo de 4 bits, el 0011 y el segundo 1101 y tomamos el valor de la tabla

0000 0	1000 8
0001 1	1001 9

0010 2	1010 10
0011 3	1011 11
0100 4	1100 12
0101 5	1101 13
0110 6	1110 14
0111 7	1111 15

Como observamos, el 0011 corresponde al 3 y el 1101 corresponde al 13 y ahora comparamos con la hexadecimal

0 1 2 3 4 5 6 7 8 9 A B C D E F

El 2 que tenemos de la tabla de binario corresponde también al 2 en el hexadecimal

3 → 3

El 13 que tenemos de la tabla de binario corresponde a la D en el hexadecimal, porque a partir del 9,

A=10 D=13
B=11 E=14
C=12 F=15.

13 → D

El número 111101 en hexadecimal es el 3D. Todos los números hexadecimales se representan siempre terminados en H

→ 3DH

Apéndice B: Conversión de decimal a hexadecimal

Apéndice C

Velocidad angular de los platos

Aquí vamos a necesitar dos formulas básicas

Veloc. angular = $\dfrac{\text{ángulo recorrido}}{\text{tiempo demorado en recorrerlo}}$

y

Veloc. lineal = velocidad angular x radio

1 vuelta = $\dfrac{60}{7.200}$ seg. = 0.00833 seg.

Veloc. angular = $\dfrac{2*3.14159}{0.00833}$ = 754.28331/seg.

El radio de un plato es aproximadamente de 4,5 cm, en el extremo del plato (superficie útil de grabación) estamos a 4.3 cm.

velocidad = $\dfrac{754.283 \text{ x } 0.043\text{mts.}}{\text{seg}}$ = 32.434 m/seg.

=32.434 m/seg = 116.762 km/h

Apéndice D

Recursos

Direcciones de páginas con programas de utilidad:

http://www.pchardware.org/software/discos.php

http://archivo.postgrado.uc.edu.ve/utilidades/discos/

Todas las imágenes de este libro las pueden hallar en:

http://www.savedata.com.ar/imagenes.htm

www.ingramcontent.com/pod-product-compliance
Lightning Source LLC
Chambersburg PA
CBHW052217270326
41931CB00011B/2384